FACULTÉ DE DROIT DE PARIS.

THÈSE

POUR LE DOCTORAT

PAR

A. HUART

AVOCAT

DES

DIVERS BÉNÉFICES DES CAUTIONS

PARIS

IMPRIMERIE DE E. DONNAUD,

RUE CASSETTE, 9.

1864

THÈSE

POUR

LE DOCTORAT

L'ACTE PUBLIC SUR LES MATIÈRES CI-APRÈS SERA SOUTENU

Le vendredi 12 août à 2 heures.

EN PRÉSENCE DE M. L'INSPECTEUR GÉNÉRAL GIRAUD,

PAR

A. HUART

d'Ajaccio (Corse).

DES

DIVERS BÉNÉFICES DES CAUTIONS

PRÉSIDENT : **M. BUGNET,**

SUFFRAGANTS $\left\{\begin{array}{l}\text{MM. Pellat, doyen,}\\ \text{Colmet-d'Aage,}\\ \text{Duverger,}\\ \text{Gide.}\end{array}\right.$ $\left.\begin{array}{l} \\ \\ \end{array}\right\}$ *Professeurs.*

agrégé.

Le candidat répondra en outre aux questions qui lui seront adressées
sur les autres matières de l'enseignement.

PARIS

IMPRIMERIE DE E. DONNAUD

RUE CASSETTE, 9.

1861

A MON PÈRE. A MA MÈRE

A MON ONCLE CHARLES MARGUET.

DROIT ROMAIN

DES DIVERS BÉNÉFICES ACCORDÉS AUX CAUTIONS

En droit romain, comme en droit français, lorsqu'un débiteur ne présentait pas à son créancier des
garanties suffisantes, celui-ci exigeait l'intervention
d'un débiteur accessoire, cherchant ainsi à augmenter
ses sûretés, *ut diligentius nobis cautum sit* (Gaïus, C. III,
§ 117). — C'est là l'idée première du cautionnement.
Ce contrat se manifesta tout d'abord sous la forme
générale de l'*adpromissio*.

L'*adpromissio* est une promesse accessoire contractée par stipulation, et destinée à garantir le payement
d'une dette principale. — L'*adpromissio* changea plusieurs fois de formes et de caractères : nous allons les
étudier rapidement.

La *sponsio* était la forme la plus ancienne; elle était
spécialement réservée aux citoyens romains. Interdite
aux pérégrins, la *sponsio* présentait au débiteur des dangers, et aux *sponsores* de nombreux inconvénients qui
la firent promptement rejeter (Gaïus, IV, §§ 22-171.)

On créa alors la *fidepromissio* : cette forme nouvelle fut accessible aux pérégrins ; mais elle ne pouvait, comme la *sponsio*, se rattacher qu'à une obligation *verbis* (Gaïus, III, § 119). L'obligation des *sponsores* et des *fidepromissores* était viagère, personnelle ; elle ne passait point à leurs héritiers, de sorte que la mort prématurée du débiteur accessoire pouvait faire évanouir toutes les garanties du créancier. De plus, des lois particulières que nous étudierons plus tard, leur accordaient une protection exagérée.

Pour échapper à ces nouveaux inconvénients, on chercha une forme plus simple ; ce fut la *fidejussio*. Elle est plus récente que les deux autres, et nous la trouvons mentionnée pour la première fois dans la loi *Cornelia*, portée en l'an 673 de Rome] (Gaïus, III, § 124). Le fidéjusseur pouvait accéder à toute espèce d'obligations, sans distinguer de quelle manière elles avaient pris naissance (*Inst.*, *De fidejuss.* § 1). L'obligation du fidéjusseur n'était pas viagère, elle passait à ses héritiers, et ne s'éteignait point par le laps de deux ans, à la différence de celle des *sponsores* (Gaïus, III, § 121). Pourtant la fidéjussion offrait ce désavantage : les fidéjusseurs tenus *in solidum* étaient tous débiteurs d'une même chose, et si, celui qui était actionné se trouvait insolvable, le droit du créancier une fois déduit *in judicium*, était éteint, et ne pouvait plus revivre. Sans doute, le créancier pouvait diviser ses poursuites ; mais alors, il n'avait plus qu'un seul débiteur pour chaque partie de la dette ; et s'il se trouvait que la division opérée par lui, lui causait un préjudice il ne pouvait pas se faire restituer (L. 16, C. *De fidejuss.*).

On essaya de remédier à cette difficulté ; les débiteurs accessoires promettaient *idem*. On changea l'interrogation et l'on dit : « Promettez-vous de donner ce que je n'aurai pu obtenir du débiteur principal ? » Le fidéjusseur a donc une dette à part, il n'y a plus *duo rei ejusdem obligationis*, et le créancier peut, sans crainte, faire deux poursuites successives. Ce fidéjusseur est appelé par les commentateurs, *fidejussor indemnitatis* (L. 116, *De verb. oblig.* 45-1.)

Voilà un inconvénient presque évité. Mais le créancier n'a pas encore le moyen de poursuivre tous les fidéjusseurs. De plus, la *fidejussio* se forme verbis, et par conséquent entre personnes présentes; la présence nécessaire des parties est donc une nouvelle entrave. Il fallut chercher un autre mode de s'obliger exempt de tous ses inconvénients. Ce fut le *mandatum pecuniæ credendæ* (*Inst.*, *De mandato*, § 1). Je donne mandat à *Titius* de prêter une certaine somme à un tiers : si le mandat est exécuté, *Titius* aura deux débiteurs au lieu d'un, l'emprunteur en vertu du prêt, et moi, par suite du mandat que je lui ai donné, et, à l'échéance, *Titius* pourra actionner successivement ses deux débiteurs : car, il y a deux obligations distinctes. L'emprunteur doit la somme; le *mandator pecuniæ credendæ* responsable des suites de son mandat, doit une indemnité qui peut varier suivant ce que n'a pas payé le débiteur principal (L. 13, *De fidejuss*. D. 46-1).

Si la fidéjussion pouvait garantir une dette déjà

existante ; on ne pouvait, au contraire, donner mandat qu'avant la naissance de la dette principale. Le préteur trouva un moyen pratique qui permit de se constituer débiteur accessoire, après la naissance de la dette, et sans recourir à la fidéjussion. On créa le pacte de *constitut*. Le constitut est un pacte prétorien par lequel un débiteur ou un tiers prend jour pour payer une dette déjà existante. Le tiers qui a fait ce pacte avec le créancier s'est évidemment constitué débiteur accessoire et, par suite, il pourra être poursuivi par le créancier aussi bien que le débiteur principal (*Inst.*, §§ 8 et 9, *De actionib.*; D. L. 28, *De pec. constit.* 13-5).

Nous avons ainsi parcouru les diverses transformations qu'éprouva l'*adpromissio*. Nous ne nous occuperons pas, dans ce travail, de toute la matière du cautionnement, nous étudierons seulement les divers bénéfices qui vinrent successivement adoucir la position des promettants accessoires et déroger à la rigueur de l'ancien droit.

Ces bénéfices sont, en suivant l'ordre de leur établissement :

1° Le bénéfice de la loi Apuleia (an de Rome.652);

2° Le bénéfice de la loi Furia (an de Rome 659);

3° Le bénéfice de cession d'actions, œuvre de la jurisprudence ;

4° Le bénéfice de division introduit par un rescrit d'Adrien;

5° Le bénéfice d'ordre ou de discussion, établi ou rétabli par une novelle de Justinien (nov. 4, præf. et cap. 1).

CHAPITRE PREMIER.

BÉNÉFICE DE LA LOI APULEIA.

Le bénéfice de la loi Apuleia était spécial aux *spon-sores* et aux *fidepromissores*. Gaïus s'en occupe au § 122 de son 3ᵉ commentaire.

Par suite de la formule employée, les débiteurs accessoires promettaient la même chose que le débiteur principal ; ils étaient donc tenus pour le tout, et le créancier avait le droit de demander à chacun d'eux la totalité de la chose. Si l'un d'eux avait payé, il avait bien un recours contre le débiteur principal, recours souvent illusoire par suite de l'insolvabilité de ce débiteur, mais il ne pouvait recourir contre ses *cosponsores* pour leur faire supporter leur part dans la dette. Aucun lien, en effet, ne les unissait. Quelle action aurait-il eue contre eux ? Il n'était pas leur mandataire ; il n'avait donc pas l'action de mandat ; il ne pouvait pas intenter non plus l'action *negotiorum gestorum*, car, en payant, il n'avait pas entendu gérer l'affaire des autres ; il n'avait voulu qu'éteindre sa propre dette. Ainsi, le débiteur accessoire qui avait payé la totalité de la dette, la supportait définitivement et n'avait d'autre ressource qu'un recours illusoire contre un débiteur presque toujours insolvable. Ce fut pour obvier à ce résultat logique sans doute, mais peu équitable, que fut portée la

loi *Apuleia*. Elle introduisit, nous dit Gaïus (Com. III,
§ 122), entre les *sponsores* et les *fidepromissores*, une
sorte de société : *quamdam societatem introduxit* : et,
par suite, si quelqu'un d'eux avait payé plus que sa
part dans la dette, il avait une action *pro socio* contre
les autres *cosponsores*, pour se faire restituer tout ce
qu'il avait donné de trop. Ainsi, l'insolvabilité du débiteur principal, au lieu d'être à la charge d'un seul
des *sponsores* ou des *fidepromissores* était supportée par
tous.

Une autre disposition appartenant à une loi dont le
nom est illisible dans le manuscrit de Gaïus, probablement la loi Apuleia, accordait aux *sponsores* et aux *fidepromissores* le *prejudicium an prædictum sit*. Cette loi
ordonnait au débiteur principal de déclarer, (*Prædicat
palam et declaret*) et le chiffre de la dette, et le nombre des débiteurs accessoires ; sinon, dans les trente
jours, ceux-ci pouvaient se faire libérer en prouvant
que cette double déclaration n'avait pas été faite. Il
était bon, en effet, que les *sponsores* et les *fidepromissores* de plein droit *socii* depuis la loi Apuleïa, pûssent
apprécier toute l'étendue de leur obligation. Ce *præ-
judicium*, nous dit Gaïus, fut accordé *usu* aux fidéjusseurs, quoique la loi dont il s'agit n'en ait fait aucune
mention (Gaïus, III, § 123.)

CHAPITRE II.

DU BÉNÉFICE DE LA LOI FURIA.

Sept ans après la loi Apuleia fut portée la loi Furia, qui vint encore adoucir le sort des débiteurs accessoires. Cette loi avait deux chefs : d'après le premier le *sponsor* et le *fidepromissor* tenus autrefois *in perpetuum*, étaient libérés par le laps de deux ans : *bienno liberantur* (Gaïus, §.122, Com. III); le second introduisit le bénéfice dont nous nous occupons. Nous avons vu que, par suite de la formule employée en s'engageant, les débiteurs accessoires étaient tenus chacun pour le tout, et, par conséquent, le créancier était libre de demander la totalité à qui il voulait : *a quo velit solidum petere*. La loi Furia vint restreindre ce pouvoir du créancier, et ordonna que l'obligation des débiteurs accessoires se divisât entre eux en autant de parties qu'ils étaient de personnes au moment de l'exigibilité de la dette, chacun d'eux ne devant que sa part virile. Cette division de plein droit n'avait lieu qu'entre les *sponsores* existant au moment de l'échéance, peu importe qu'ils fussent solvables ou non.

Si le créancier avait, au mépris de la loi, actionné un des *sponsores* pour le tout, il aurait commis une plus-pétition *re*, et, en conséquence, sans obtenir de condamnation contre celui qu'il avait poursuivi, il aurait perdu son droit contre les autres (Gaius, III, 121).

La loi Furia ne s'appliquait qu'à l'Italie : de là, comme Gaïus nous le fait observer, dans les provinces, les *sponsores* et les *fidepromissores* étaient, comme les fidéjusseurs, tenus à perpétuité et obligés chacun pour le tout. On se demandait encore si la loi *Furia* n'avait pas abrogé complétement le bénéfice de la loi Apuleia : en effet, puisque les *sponsores* ne pouvaient plus être actionnés pour le tout, que le créancier, sous peine de plus-pétition, était obligé de diviser ses poursuites, à quoi pouvait servir cette sorte de société établie par la loi Apuleia entre les *sponsores* et les *fidepromissores?* Voici ce que répond Gaïus : « Sans aucun doute, ce bénéfice subsiste hors de l'Italie ; car la loi Furia, n'est en vigueur qu'en Italie, tandis que la loi Apuleia s'applique aussi dans les autres pays. » (Gaïus, § 122, III.)

CHAPITRE III.

DU BÉNÉFICE DE CESSION D'ACTIONS.

Nous arrivons au bénéfice de cession d'actions : ce bénéfice avait été accordé par la jurisprudence aussi bien aux *adpromissores* qu'aux *mandatores pecuniæ credendæ*, et à ceux qui font le pacte de constitut pour la dette d'autrui. Il existait entre tous ces débiteurs accessoires des différences trop considérables, pour que les règles de la cession des actions fussent les mêmes pour les uns et pour les autres. C'est pourquoi nous allons étudier séparément les règles relatives, d'abord aux *adpromissores*, puis aux *mandatores*, et enfin aux constituants.

SECTION Ire.

Bénéfice de cession d'actions accordé aux adpromissores.

§ 1. — *But de la cession.*

Nous avons à nous demander tout d'abord quel était le but de la cession d'actions, et à quels inconvénients venait remédier ce bénéfice.

Si l'un des fidéjusseurs a payé la totalité de la dette, il a contre le débiteur principal, soit l'action du mandat,

soit l'action *negotiorum gestorum* : l'action de mandat,
si le fidéjusseur a agi comme mandataire du débiteur
principal (§ 6, *Inst.*, *De fidejuss.*), l'action *negotiorum
gestorum*, si le fidéjusseur s'est obligé spontanément,
sans mandat, pour rendre service au débiteur principal
(L. 4, princ. D, 46, I). La loi Publilia avait, par une
faveur spéciale, accordé aux *sponsores* une action au
double, l'action *depensi* (Gaius, III, § 120). Elle leur
avait même donné la *manus injectio pro judicato*, contre
le débiteur qui n'aurait pas remboursé dans les six
mois ce qui avait été payé pour lui (Gaïus, IV, § 22).

Cependant, il est certains cas où le fidéjusseur qui
a payé n'a pas de recours contre le *reus*. 1° S'il a payé
donandi animo et pour procurer une libéralité au débiteur principal ; 2° s'il est intervenu, contre la volonté
de ce dernier. Il est évident que le fidéjusseur ne peut
avoir, en ce cas, ni l'action *mandati*, ni l'action *negotiorum gestorum*. Etait-il donc privé de toute ressource ?
Il y avait, sur ce point, controverse entre les jurisconsultes romains : les uns voulaient lui donner une action
de gestion d'affaire *utile*, les autres lui refusaient toute
action. Justinien s'est rangé à l'avis de ces derniers.
(L. 40, D. *Mand.* 17, I. — L. 24. C. *De neg. gest.*,
2-10).

D'autre part, le fidéjusseur qui a payé la totalité de
la dette n'a aucun recours contre les autres cofidéjusseurs (*Inst.*, *De fidejuss.*, § 4.; D. L. 39, *De fidejuss.*, C.
L. 11, *id.*, 8-41). En effet, aucun mandat n'est intervenu entre les divers débiteurs accessoires. D'autre
part, le payement fait par le fidéjusseur ne peut être

considéré comme une gestion d'affaire. En payant, il acquitte sa dette personnelle, et ne cherche pas à gérer l'affaire de ses coobligés.

Telle était la position des *adpromissores*, lorsque la jurisprudence vint à leur secours, en leur accordant le bénéfice *cedendarum actionum*. Le fidéjusseur qui ne se refuse pas au payement de la totalité de la dette, peut exiger du créancier qu'il lui cède toutes ses actions contre le débiteur principal et contre les autres fidéjusseurs. C'est ce que nous dit le jurisconsulte Julien, dans la loi 17 (D. *De fidejuss.* 46-1.) « Fidejussoribus succurri solet, ut stipulator compellatur ei qui solidum solvere paratus est, vendere cæterorum nomina... » Le bénéfice de cession d'action avait donc une grande utilité, puisque c'était le seul moyen accordé au fidéjusseur pour recourir contre ses coobligés; d'autre part, un pareil bénéfice lui permettait d'intenter contre le débiteur principal, au lieu des actions ordinaires de mandat ou de gestion d'affaires, les actions du créancier, souvent plus avantageuses à cause des sûretés et garanties que le créancier pouvait avoir exigées.

§ 2. — *A quel moment doit-on demander la cession?*

La cession des actions du créancier n'avait pas lieu de plein droit; il fallait la demander. Mais à quel moment devait-on requérir cette cession?

Il faut distinguer, suivant que le fidéjusseur a payé volontairement le créancier, ou s'est laissé poursuivre par lui.

1° Le fidéjusseur a payé volontairement le créancier. La cession des actions est utile au fidéjusseur, et comme elle ne porte aucun préjudice au créancier, celui-ci se prêtera facilement à cet arrangement. La cession doit intervenir alors au moment du payement; la cession postérieure eût été nulle car, nous dit Modestin : « Nihil eâ cessione actum, cum nulla actio superfuit. » (L. 77, D. de solut.)

2° Le fidéjusseur s'est laissé poursuivre en justice; en ce cas, il doit demander la cession avant la *litis contestatio*. En effet, par suite de la *litis contestatio* l'ancien rapport de droit a fait place à un rapport nouveau; le *reus* et les autres fidéjusseurs sont libérés et la dette primitive étant éteinte, le créancier ne peut plus céder ce qui n'existe plus. Une constitution de Justinien, qui forme la loi 28 au Code *De fidejuss.*, a abrogé cet effet particulier de la *litis contestatio*; les fidéjusseurs peuvent donc, à cette époque, demander la cession d'actions, après la *litis contestatio*, et même après la sentence prononcée, pourvu que le payement n'ait pas été effectué (L. 28, C. *De fidejuss.*)

Mais, a-t-on dit, le créancier ne cédera les actions que s'il est désintéressé, c'est-à-dire, s'il est payé : or, le payement n'a-t-il pas éteint toute la dette, et n'a-t-il pas libéré tous ceux qui en étaient tenus soit principalement, soit accessoirement? Comment le créancier peut-il céder un droit qu'il n'a plus, *cum nulla actio superfuerit?* Les jurisconsultes romains avaient prévu l'objection, et pour y échapper, ils avaient eu recours à leur moyen ordinaire, à une fiction. Ils imaginèrent de dire que le fidéjusseur, en demandant la cession, n'a point acquitté la dette, mais qu'il a acheté au créancier ses actions pour un prix égal au montant de la créance. « Creditor non in solutum accepit, sed *quodammodo* nomen debitoris vendidit. » (L. 56, *De fidejuss.*)

Comment, d'autre part, une pareille cession pouvait-elle s'opérer ? En principe, toute créance est intransmissible : en effet, l'obligation est un rapport de droit strictement circonscrit entre deux personnes déterminées : changer les termes de ce rapport, c'est le détruire et anéantir par là l'obligation primitive. Les nécessités de la pratique forcèrent les jurisconsultes romains à chercher un moyen d'échapper à la logique trop rigoureuse du principe. Deux procédés furent successivement employés (Gaius, II, 38-39). Le premier fut la *delegatio*, c'est-à-dire le mandat donné à une personne de stipuler d'un tiers une certaine chose ou une certaine somme, et ce, *novandi animo*. C'était un procédé dangereux, car la novation éteignait toutes les garanties de la créance primitive, à moins qu'on ne les eût réservées expressément (L. 18, D. *De novat.*), et il fallait, de plus, le consentement du débiteur cédé, dont le refus eût empêché la cession.

La *procuratio in rem suam*, moyen plus pratique, remplaça la *delegatio*. Le créancier donnait mandat au cessionnaire de la créance d'agir contre le débiteur, et il le dispensait de rendre compte. Le cessionnaire agissait au nom du cédant : *Intentionem quidem ex persona domini sumit*, mais, ajoute Gaius, *condem-*

nationem in suam personam convertit (Gaïus, IV,
§ 86). Ainsi, dans notre espèce, le créancier donnait
mandat au fidéjusseur de poursuivre, soit le débiteur
principal, soit les cofidéjusseurs, et celui-ci ne rendait
pas compte de son mandat.

§ 3. — *Procédés pour forcer le créancier à céder ses actions.*

La jurisprudence qui avait introduit le bénéfice *cedendarum actionum*, ne pouvait permettre que le créancier pût l'entraver par son fait. Aussi, fut-il permis
aux fidéjusseurs d'exiger la cession : *ut stipulator*
COMPELLATUR *vendere cætororum nomina* (L. 17 *De
fidej.*). Toutefois, il faut remarquer que le principe
adopté dans notre Code, dans l'art. 2037, n'avait pas
été admis en droit romain, à l'égard des fidéjusseurs.
Le créancier ne devait céder que les actions qui lui
restaient, et dans l'état où elles se trouvaient. Cela ré-
sultait de la nature même de la fidéjussion ; c'était, en
effet, un contrat unilatéral, de droit strict : le fidéjusseur s'engageait seul et le créancier ne contractait envers lui aucune espèce d'obligation ; il n'était donc
pas tenu de procurer au fidéjusseur des actions utiles
contre les autres débiteurs accessoires.

Toutefois, il ne faudrait pas décider de même, à
l'égard du *fidejussor indemnitatis*. Celui-ci ne s'est
obligé à acquitter la dette que si le débiteur principal
devient insolvable, et ne peut faire honneur à ses pro-

messes. Or, si le créancier s'est mis, par son fait, dans l'impossibilité de rien demander au débiteur principal, l'insolvabilité de ce dernier n'est pas démontrée, et le fidéjusseur pourra refuser de payer, car, il n'est plus dans les termes de son engagement.

Mais par quel moyen le fidéjusseur pouvait-il contraindre le créancier à lui céder ses actions? Assurément, ce n'était pas par la voie d'action, puisque la fidéjussion, comme nous venons de le voir, était un contrat unilatéral, et n'engageait pas le créancier vis-à-vis de la caution. Le fidéjusseur devait donc attendre les poursuites du créancier, et, alors, il lui opposait soit l'exception de dol (L. 65, *De evict.*, D. 21-2), soit l'exception *in factum.*, « nisi suis actionibus cesserit. »

Mais, dira-t-on, au lieu de recourir à l'exception de dol, il serait bien plus simple de ne pas délivrer la formule. Il en sera évidemment ainsi, lorsque le dol sera manifeste, lorsque le créancier avouera qu'il a conservé des actions, mais qu'il ne veut pas les céder. Le préteur alors, suffisamment édifié sur la cause, lui refusera la formule qu'il réclame. Mais le dol du créancier n'est pas toujours évident ; il peut nier qu'il ait des actions à céder, tandis que le fidéjusseur en affirme l'existence. Alors le magistrat délivrera au créancier la formule qu'il demande, mais il la modifiera par l'exception *doli mali*, et si le dol est reconnu, le juge absoudra le défendeur, et le créancier perdra son procès. Dans tous les cas, l'insertion de l'exception de dol dans la *condictio* donnera au juge un pouvoir d'appréciation assez étendu, et lui permettra d'absoudre le fi-

déjusseur, quand même le créancier n'aurait plus ses
actions, s'il est évident que c'est par son dol qu'il s'est
mis dans l'impossibilité de les céder (1).

§ 4. Effets de la cession des actions.

Il nous reste à étudier rapidement les effets de la
cession d'actions, tant à l'égard du débiteur principal
qu'à l'égard des autres cofidéjusseurs.

A l'égard du débiteur principal, le fidéjusseur qui
a obtenu la cession a tous les droits, hypothèques et
privilèges du créancier. C'est ce que nous trouvons
dans la loi 21 C. De fidejus. La loi 2, eod. tit., qui est
un rescrit des empereurs Sévère et Antonin, suppose
qu'un créancier a reçu pour sûreté d'une créance, une
hypothèque et une caution ; s'il poursuit le fidéjusseur,
il doit lui céder l'hypothèque qu'il a contre le débiteur principal. Mais le bénéfice de cession, fondé sur
l'équité, ne doit point porter atteinte aux droits du
créancier ; c'est pourquoi, si l'hypothèque garantit encore une seconde dette, le fidéjusseur qui n'a cautionné
que la première ne pourra exiger la cession, qu'après
le payement intégral des deux dettes (L. 2, C. De fidej.
8-41). D'autre part, le bénéfice de cession conférait à
la caution, un recours contre ses cofidéjusseurs. Toutefois le fidéjusseur qui a obtenu ce bénéfice est obligé
de diviser ses poursuites entre ses cofidéjusseurs ; il ne
peut demander à chacun d'eux que leur part dans la

(1) Vid. M. Demangeat (De duob reis, p. 236),

dette. Ce système équitable est consacré, chez nous, dans l'art. 2033 C. N., en voici la raison : « C'est par » un sentiment d'équité que les jurisconsultes ro- » mains ont établi le bénéfice *cedendarum actionum ;* » or, l'équité serait blessée, si, entre personnes dont » la position est la même, l'une était forcée de faire à » l'autre une avance pour le compte de la troisième. » (M. Demangeat, *De duob. reis,* p. 237, et la note.)

SECTION II.

Bénéfice de cession d'actions accordé aux mandatores pecuniæ credendæ.

Le bénéfice de cession d'actions avait été aussi ac- cordé aux *mandatores pecuniæ credendæ.* Ce bénéfice était pour eux d'une grande importance ; car, il leur donnait contre les autres *mandatores* un moyen de recours dont ils étaient dépourvus, et ajoutait à l'ac- tion de mandat ou de gestion d'affaires qu'ils avaient contre le débiteur principal, toutes les actions du créancier. Nous connaissons le but et les effets de la cession : nous étudierons seulement les différences qui séparaient les *mandatores* des *adpromissores.*

Analysons sommairement le *mandatum pecuniæ credendæ.* Je vous donne mandat de prêter de l'argent à Titius : le mandat exécuté, vous avez alors deux dé- biteurs différents, Titius en vertu du *mutuum,* et moi, *mandator,* en vertu du mandat . Les obligations du débiteur principal et du *mandator* sont donc distinctes et indépendantes l'une de l'autre; le créancier qui n'est pas payé par le *reus* peut poursuivre le *mandator* par l'action *mandati contraria;* mais il est, à son tour, soumis à l'action *mandati directa* et doit rendre compte du mandat qu'il a accepté. L'opération ainsi analysée, les conséquences sont faciles à déduire, et les différences entre les *adpromissores* et les *mandatores* vont apparaître successivement.

1re *Différence.* — Ainsi que nous l'avons vu plus haut, le créancier n'est pas tenu de procurer au fidéjusseur des actions utiles contre les autres débiteurs accessoires. Au contraire, le *mandator pecuniæ credendæ* peut exiger du créancier la cession de ses actions, et si celui-ci s'est mis dans l'impossibilité de les céder, le *mandator* peut lui refuser le payement (L. 95, § 11, *De sol.* D. 46-3). La raison de cette différence se trouve dans les caractères respectifs de la fidéjussion et du mandat : La fidéjussion est un contrat essentiellement unilatéral, qui n'impose aucune obligation au créancier, tandis que le mandat, bien qu'unilatéral, à l'origine, impose au mandataire, et dans l'espèce, au créancier, l'obligation de rendre compte.

2° *Différence.* — A quelle époque doit-on demander la cession des actions? Nous avons à considérer trois époques différentes : 1° la *litis contestatio,* 2° la sentence, et 3° le payement.

Nous avons vu que la *litis contestatio* libérait le débiteur principal et les autres fidéjusseurs; d'où la conséquence, qu'en cas de fidéjussion, la cession des

actions, soit contre le *reus*, soit contre les cofldéjus-
sours, devait être antérieure à la *litis contestatio*. Au
contraire, dans le cas de *mandatum pecuniæ credendæ*,
le débiteur principal n'est pas libéré par la *litis contestatio ;* c'est que l'action de mandat et la *condictio* sont
indépendantes l'une de l'autre ; leur cause n'est pas la
même et elles tendent à un but différent ; on comprend
donc que l'extinction de l'une soit sans influence sur
l'existence de l'autre.

La *litis contestatio* ne libère pas non plus les autres
comandatores ; la raison en est que les *comandatores*
ne sont pas débiteurs corréaux ; ils ne sont tenus qu'*in
solidum*, car l'action *mandati contraria* est de bonne foi.
On comprend donc que la cession des actions, soit
contre le *reus* soit contre les autres *mandatores*, soit
possible, même après la *litis contestatio*.

La sentence, de même que la *litis contestatio*, laissait
subsister l'obligation du *reus* et des autres *mandatores* et pour les mêmes raisons : de là la cession pourra
être demandée après la sentence prononcée.

Enfin le payement : il nous faut distinguer, ici,
entre l'obligation du *reus* et celle des *comandatores*.

Le payement fait par le *comandator* n'éteint pas
l'obligation du débiteur principal ; en effet, ce que
le payement a éteint, c'est l'action résultant du mandat, mais la *condictio* résultant du *mutuum* subsiste
toujours. La loi 95, § 10, *e solut.* (D. 46-3) nous le
dit formellement. Au contraire, l'obligation des comandants est éteinte par le payement qu'a effectué l'un
d'eux. *Omnes liberantur pecunia soluta*, nous dit la

loi 52, § 3, *De fidejuss.* (D. 46-1); c'est qu'ils sont débiteurs solidaires de la même dette.

Il faut remarquer, toutefois, que si le *mandator* était
convenu avec le créancier que celui-ci lui céderait ses
actions, après le payement, les comandants n'étaient pas
libérés, et il pourra, après le payement, exiger la cession (arg. d'analogie de la loi 76, D. *De solut.*, 46-3). A
défaut de cette réserve, il ne pourrait exercer contre
les autres *comandatores* qu'une action utile, et encore,
faudrait-il qu'il eût payé sur les poursuites du créancier (arg. d'anal., L. 1, § 13, D. 27-3).

3e Différence. — Nous savons enfin que le fidéjusseur
n'avait pas d'action pour contraindre le créancier à lui
céder ses actions; il était obligé d'attendre les poursuites du créancier, et il opposait alors l'exception de
dol. Le *mandator pecuniæ credendæ* était plus favorisé;
outre l'exception, il avait encore l'action *mandati directa*. En effet, le mandataire contracte l'obligation de
rendre compte de toutes les actions dont il est investi,
et si le créancier se refusait à cette cession, le *mandator* pourrait agir contre lui par l'action *mandati directa ;* car le créancier manque ainsi aux obligations
qu'il a contractées en acceptant le mandat de prêter.

Quant à l'exception, voici comment les choses se
passaient. Lorsqu'on était encore *in jure*, le *mandator* pouvait demander la cession des actions, et si le
créancier s'y refusait, le magistrat ne délivrait pas la
formule. Si le *mandator* a négligé de demander la cession, étant encore *in jure* il opposera l'exception *in
judicio*, car, l'exception de dol est sous-entendue dans

les actions de bonne foi, et le juge absoudra le *manda-tor;* que si enfin il s'est laissé condamner, il n'exécutera pas la sentence, et quand il sera poursuivi il réclamera la cession (L. 41. § 1, *De fidejuss.* D; 46-1).

SECTION III.

Du bénéfice de cession d'actions accordé aux constituants.

Pour terminer notre travail sur le bénéfice *cedendarum actionum*, il nous reste à dire quelques mots de ceux qui font le pacte de constitut pour la dette d'autrui. Les tiers constituants avaient-ils le bénéfice de cession d'actions? Les textes sont muets sur ce point : mais comme on l'avait accordé aux débiteurs corréaux, il est à peu près certain qu'on ne l'avait pas re-refusé aux constituants.

En admettant donc qu'ils avaient droit à ce bénéfice, les tiers constituants devaient, à certains égards, se rapprocher des *mandatores pecuniæ credendæ* et, à certains autres, se rapprocher des fidéjusseurs.

En effet, l'obligation du constituant est distincte et indépendante de l'obligation du *reus;* de là les conséquences que nous avons étudiées déjà, à propos du *mandatum pecuniæ credendæ.* Ni la *litis contestatio,* ni la sentence n'éteignent l'obligation du *reus* et des autres constituants; le payement au contraire qui libère les constituants, laisse subsister l'obligation du débiteur principal.

D'autre part, le constitut était un pacte unilatéral, comme la fidéjussion ; comme elle, il n'engendrait aucune action contre le créancier au profit du constituant. De là, nous déciderons que le créancier n'est tenu de céder ses actions que s'il les a, et dans l'état où elles se trouvent, et le constituant, comme le fidéjusseur, dépourvu d'action contre le créancier n'a que la ressource de l'exception de dol.

CHAPITRE IV.

DU BÉNÉFICE DE DIVISION.

Un nouveau bénéfice fut accordé aux cautions par l'empereur Adrien : c'est le bénéfice de division. Il appartenait aux *adpromissores*, aux *mandatores pecuniæ credendæ* et aux constituants. Nous examinerons séparément ce que ce bénéfice avait de spécial relativement à chacune de ces diverses classes de cautions.

SECTION I.

Bénéfice de division accordé aux adpromissores.

§ 1. — *But du bénéfice de division.*

Nous savons qu'à l'origine les *adpromissores* étaient tenus chacun pour le tout. La loi Furia, il est vrai, avait apporté un tempérament à cette obligation rigoureuse, et forcé le créancier, sous peine de plus-pétition, à diviser ses poursuites entre les *sponsores* et les *fidepromissores*. Mais, ce bénéfice n'appartenait pas aux fidéjusseurs : de plus, cette loi Furia n'était applicable qu'en Italie, et, dans les provinces, les *sponsores* et les *fidepromissores*, assimilés aux fidéjusseurs, étaient obli-

gés chacun pour le tout : *Singuli in solidum obligentur*
(Gaïus, III, § 121). Sans doute, le créancier pouvait diviser ses poursuites, mais comme il n'y avait aucun
intérêt, cette division ne devait avoir lieu que très-
rarement.

Un rescrit d'Adrien mentionné par Gaïus (III, § 121),
et les Instilutes (§ 4, *De fidejuss.*), vint changer cet
état de choses. D'après ce rescrit, le créancier peut
être forcé de diviser ses actions entre les divers fidéjusseurs qui sont solvables au moment de la *litis contestatio.* « Ex epistola divi Hadriani, compellitur cre-
» ditor a singulis, qui modo solvendo sunt litis
» contestatæ tempore, partes petere. » (Inst., § 4,
h. tit.)

Le bénéfice de division n'était point contraire aux
intérêts du créancier, puisque la division de la dette
ne s'opérait qu'entre les débiteurs solvables. D'autre
part, il était très-utile aux fidéjusseurs, puisque, grâce
à lui, chacun d'eux ne payait que sa part virile dans la
dette. Il était même préférable au bénéfice *cedendarum actionum.* En effet, pour invoquer ce dernier bénéfice, le fidéjusseur était obligé de payer la totalité de
la dette, et la nécessité de faire une avance quelquefois considérable, devait empêcher souvent l'exercice
du bénéfice de cession d'actions ; car, on peut n'avoir
pas sous la main les fonds nécessaires pour payer toute
la somme due : « Cum numeratio totius debiti non sit
» in expedito. » (L. 10, *princ.*, D. *De fidejuss.*, 46-1.)

Si le débiteur principal est solvable, le bénéfice de
division est, sans aucun doute, préférable au bénéfice

cedendarum actionum : au contraire, si le débiteur principal n'est pas solvable, le fidéjusseur actionné peut
avoir intérêt à invoquer de préférence le bénéfice de
cession. Il en sera ainsi, par exemple, lorsque l'action
du créancier contre le *reus* est garantie par une hypothèque; il pourra alors, grâce à cette action, obtenir
un payement que son action primitive eût été impuis-
sante à lui procurer. Bien plus, ces deux bénéfices
peuvent se cumuler, et le fidéjusseur qui a obtenu le
bénéfice de division peut avoir intérêt à demander encore le bénéfice de cession. Ainsi, après la division
opérée, l'un des cofidéjusseurs insolvables revient à
meilleure fortune; ceux qui ont payé pour lui n'ont
aucun moyen pour rentrer dans leur avance, s'ils n'ont
eu le soin de demander la cession des actions du créancier.

§ 2. — *Quels fidéjusseurs ont le bénéfice de division?*

L'importance et l'utilité du bénéfice de division étant
connues, nous avons à nous demander quels sont les
fidéjusseurs qui peuvent invoquer le bénéfice de division; nous verrons, par là même ceux qui en sont
privés.

Les fidéjusseurs qui peuvent invoquer le bénéfice de
division sont ceux qui se sont obligés chacun pour la
totalité de la dette, et pour le même débiteur.

Deux conditions sont donc nécessaires : il faut :

1° Que les fidéjusseurs se soient obligés chacun pour
le tout;

2° Qu'ils se soient obligés pour le même débiteur.

1re *Condition.* — Il faut que les fidéjusseurs se soient obligés chacun pour le tout : *in solidum et in partes* » *viriles.* La division n'a lieu, nous dit Papinien, qu'entre les fidéjusseurs qui se sont obligés de cette manière : « inter eos fidejussores actio dividenda est' « qui, *solidum et partes viriles* fide sua esse jusserunt (L. 51, prino. *De fidejuss.* D. 46-1). » Par conséquent, ne pourraient pas invoquer le bénéfice de division ceux qui auraient promis *solidum* AUT *partem virilem;* parce que, dans les stipulations alternatives, on interprète en faveur du débiteur et l'on ne considère que l'obligation la moins onéreuse pour lui. « Dès l'origine, nous dit la loi 51 (*De fid.,* D.), chacun ne doit que sa portion virile. » En effet, les fidéjusseurs n'ont que faire du bénéfice d'Adrien ; ils ont eux-mêmes suffisamment pourvu à leurs intérêts par la manière dont ils ont contracté leur engagement (L. 51, *princ., De fidej.* D. 46-1).

2° *Condition.* — Il faut que les fidéjusseurs soient intervenus pour le même débiteur. Ainsi, je stipule de Titius une somme d'argent, et vous vous portez son fidéjusseur: puis, je stipule la même somme d'un tiers et Mœvius cautionne l'obligation de ce dernier, vous et Mœvius n'êtes pas cofidéjusseurs ; vous êtes intervenus pour des débiteurs différents, et vous ne pouvez invoquer le bénéfice de division (L. 43. *De fidejuss.,* D. 46-1). Papinien présente une hypothèse analogue dans la loi 51 (§ 2, *De fidejuss.,* D.). — Deux débiteurs corréaux, *duo rei promittendi,* ont donné séparément des fidéjusseurs : le créancier n'est pas forcé de diviser ses poursuites entre tous les fidéjusseurs. Mais, supposons que des deux *rei promittendi*, l'un, Primus, a donné plusieurs fidéjusseurs, *verbi gratia*, Titius et Mœvius, et l'autre, Secundus, en a donné un troisième, Sempronius. Titius pourrait fort bien demander la division entre Mœvius et lui ; mais, il ne saurait forcer le créancier à diviser ses poursuites entre lui et Sempronius, *quia diversarum stipulationum fidejussores sunt* (L. 43, *De fidejuss.* D.). Remarquons en passant que rien n'empêche le créancier, s'il le veut, de diviser son action entre tous les fidéjusseurs, comme il pourrait la diviser entre les *duo rei promittendi* (L. 51, § 2, *De fidejuss.*).

Enfin, Ulpien nous présente le cas où le fidéjusseur s'est adjoint un certificateur : *fidejussor fidejussoris*. Ce certificateur, nous dit le jurisconsulte, ne peut exiger la division entre lui et le fidéjusseur qu'il a cautionné, parce que ce dernier est aux lieu et place du débiteur, *loco rei est*, et ne peut pas demander que son obligation se divise entre lui et son propre répondant (L. 27, § 4, *De fid.*, D. 46-1). Mais, si de deux fidéjusseurs, un seul a donné un certificateur, ce certificateur ne pourra pas certainement demander la division entre lui et le fidéjusseur qu'il a cautionné, mais il pourra la demander contre le fidéjusseur pour lequel il n'est pas intervenu : *Cofidejussorem ejus pro quo ipse intervenit.* Le certificateur, en effet, a les mêmes droits que le fidéjusseur pour lequel il est intervenu, et celui-ci aurait pu demander la division avec son cofidéjusseur.

Pour pouvoir invoquer le bénéfice de division, il faut, ainsi que nous venons de le voir, s'être obligé pour le tout, et pour le même débiteur : *ejusdem pecuniæ et pro eddem personå teneri.* Cette règle souffre quelques exceptions :

1ʳᵉ *Exception.* — Le bénéfice de division est refusé au fidéjusseur qui a commencé par nier sa qualité : *Inficiantibus auxilium divisionis non est indulgendum* (L. 10, § 1ᵉʳ, *De fidejuss.*). C'est une des nombreuses peines attachées à l'*inficiatio;* et l'on comprend très-bien que le bénéfice de division étant une faveur, *auxilium,* comme dit Ulpien, soit refusé à ceux qui s'en rendent indignes par leur mauvaise foi.

2ᵐᵉ *Exception.* — Les fidéjusseurs des tuteurs sont également privés du bénéfice de division. Ce n'est point, comme dans le cas précédent, une peine édictée contre eux ; mais il y avait ici en présence deux classes de personnes inégalement favorables : d'une part, les fidéjusseurs toujours, traités rigoureusement, et qui n'avaient acquis quelques bénéfices que successivement et comme par grâce ; et, d'autre part, les pupilles protégés jusqu'à l'exagération par les lois romaines. Les pupilles étaient préférés, ici comme toujours. De plus, ce n'est pas le pupille qui a choisi son tuteur : *incidit in tutorem,* nous dit énergiquement Papinien, *et ignorat omnia.* Il ne doit donc pas souffrir de l'insolvabilité de ce tuteur, et l'on comprend facilement qu'on n'ait pas voulu lui imposer l'obligation de diviser ses poursuites entre les divers fidéjusseurs (L. 12. *Reus pupilli salv. fore,* D. 46-6).

Toutefois, il ne faudrait pas croire que les fidéjusseurs d'un tuteur ne pourront jamais invoquer le bénéfice de division. Ainsi, des fidéjusseurs ont donné la caution *rem pupilli salvam fore;* lorsque l'ex-pupille se dispose à les poursuivre, ils lui donnent mandat de discuter d'abord le tuteur, promettant de payer tout ce qu'il ne pourra pas obtenir de ce dernier. Lorsque le pupille, après avoir discuté le tuteur, reviendra contre les fidéjusseurs, ceux-ci pourront lui opposer le bénéfice de division : car, ils ne promettent plus *rem pupilli salvam fore*, mais seulement *quod à tutore servare non potuisset;* le mandat accepté par l'ex-pupille a produit une sorte de novation, et ces fidéjusseurs rentrent dans le droit commun. « Placuit inter eos qui solvendo essent actionem residui dividi. » (L. 7. D. *De fidejuss. et nominat.*, 27, 7.)

La raison qu'en donne le jurisconsulte est : « Quod onus fidejussorum susceptum videretur; » c'est-à-dire, selon l'interprétation de Cujas et de Pothier, parce que l'ex-pupille aurait assumé une charge qui pesait sur les deux fidéjusseurs. Nous préférons sur ce point la traduction plus simple qui nous est donnée par notre savant maître M. Demangeat : « Parce que les deux garants sont censés avoir pris le rôle de fidéjusseurs ordinaires. » Du reste, quelle que soit l'interprétation que l'on adopte, cela ne change en rien la solution; les fidéjusseurs, dans l'espèce, ont le bénéfice de division (*vid.* M. Demangeat, *De duob. reis*, p. 188.)

3° *Exception*. Ne peuvent pas invoquer le bénéfice

3

de division, ceux qui y ont renoncé soit expressément, soit tacitement.

La renonciation au bénéfice de division peut être tacite, et le fidéjusseur renonce tacitement au bénéfice de division, lorsqu'il paye la totalité de la dette sans demander que l'action soit divisée. Dans ce cas, il ne peut pas répéter; car, il est en faute de n'avoir pas invoqué le bénéfice d'Adrien (*Inst.*, § 4, *De fidejuss.*)

De ce que les fidéjusseurs se sont engagés *in solidum*, il ne faut pas conclure qu'ils aient renoncé au bénéfice de division. C'est ce qu'exprime la loi 3. (C. *De fidejuss.*) Deux fidéjusseurs se sont engagés *in solidum*; ils peuvent invoquer le bénéfice de division, et le créancier ne peut argumenter contre eux, de ce qu'il est convenu *ut singuli in solidum tenerentur*. En effet, nous disent les empereurs Sévère et Antonin, pareille clause ne change rien à la position des fidéjusseurs (Nihil hæc res mutat conditionem juris et constitutionem). Car, à défaut de cette clause spéciale, chacun des fidéjusseurs n'en serait pas moins tenu pour le tout, et l'obligation se diviserait entre eux pour leurs parts viriles, s'ils étaient solvables. « Nam et cum hoc non adjiciatur, singuli tamen in solidum tenentur; sed ubi sunt omnes idonei in portionem obligatio dividitur. » (L. 3, *De fidejuss.*, D. 8-41.)

Quant à la renonciation expresse, aucun texte n'en parle, mais on doit l'admettre cependant : car, il est de principe qu'on peut toujours renoncer à ce qui est introduit en notre faveur. De plus, puisqu'on peut renoncer tacitement au bénéfice de division, on doit, à

plus forte raison, pouvoir y renoncer expressément;
et que l'on ne dise pas qu'une pareille clause deviendrait de style, et annulerait forcément l'effet du bénéfice d'Adrien; car, le fidéjusseur n'est pas contraint à
donner son concours, et ce n'est pas lui qui subit la loi
du créancier.

§ 3. *Entre quels fidéjusseurs s'opère la division?*

En accordant aux fidéjusseurs le bénéfice de division, l'empereur Adrien avait voulu venir à leur secours, à la condition cependant qu'une pareille faveur
ne préjudicierait pas aux droits du créancier. En divisant ses poursuites comme en ne les divisant pas, le
créancier devait toujours être assuré du payement intégral de sa créance. Aussi fut-il décidé que la division n'aurait lieu qu'entre les fidéjusseurs solvables,
et cette solvabilité devait exister, nous disent les Institutes, au moment de la *litis contestatio:* « Compellitur
creditor u singulis qui modo solvendo sunt, litis contestatæ tempore, partes petere. » (Inst. *De fidejuss.*, § 4.)
Mais que faut-il décider si les fidéjusseurs sont non
plus insolvables, mais incapables? Papinien, dans la
loi 48 (D. *De fidejuss.*, 46-1), prévoit deux hypothèses
qu'il nous faut examiner.

1° Titius et Seïa ont cautionné la dette de Mœvius;
le créancier pourra, sans aucun doute, poursuivre
Titius pour le tout; car, nous dit le jurisconsulte,
Titius a pu savoir, ou du moins n'a pas dû ignorer
que le sénatus-consulte Velléien défend à la femme

de faire un acte d'intercession : « Cum scire potuerit, aut ignorare non debuit, mulierem frustra intercedere. » (L. 48, *De fidejuss.*)

2° Mais le fidéjusseur incapable peut-être non plus une femme, mais un mineur de vingt-cinq ans. Si ce mineur se fait restituer *in integrum*, le fidéjusseur majeur et capable doit-il supporter seul tout le poids de l'obligation ?

On a donné plusieurs interprétations de ce texte : voici d'abord celle de Cujas. D'après lui, Papinien distinguerait : le fidéjusseur capable est-il intervenu avant que le mineur se soit engagé? alors, le majeur pourra être poursuivi pour le tout. Au contraire, si le majeur est intervenu en même temps que le mineur, il devra obtenir le bénéfice de division : *propter incertum ætatis ac restitutionis*, c'est-à-dire, parce que le majeur ne connaissait pas l'âge du mineur et la possibilité d'une restitution.

Il nous semble que Cujas traduit un peu librement le texte, ou du moins suppose, de la part du jurisconsul'e, une ellipse par trop exagérée. Voici le texte : « Sed ita demum alteri totum irrogandum est, si postea minor intercessit, propter incertum ætatis ac restitutionis. » La raison donnée par Papinien *propter incertum*, etc., ne s'appliquerait pas, selon Cujas, au cas prévu par le texte, c'est-à-dire au cas où le mineur n'est intervenu que postérieurement à la fidéjussion du majeur; mais, à un cas qu'il aurait passé sous silence et que l'on doit tirer du texte par un argument *a contrario*. Mais alors, pour quelle raison le

majeur est-il tenu pour le tout, *si postea minor intercessit?* Dirons-nous avec Pothier (Pand. *De fidej.* LVII,
ad not.) qu'il était seul en s'engageant, et qu'il ne
pouvait espérer une division impossible? Mais cette
raison, pour être bonne, devrait s'appliquer à tous les
cas. Or, quand il s'agit de fidéjusseurs capables, peu
importe qu'ils se soient ou non engagés simultanement;
ils ont droit au bénéfice de division. Il faut pourtant
une raison pour justifier cette dérogation. Nous pensons qu'il faut lire le texte tel qu'il est, et le traduire
comme Godefroy (1) l'a du reste entendu, et nous di-
rons alors : Si le fidéjusseur capable est intervenu avant
le fidéjusseur incapable, il n'aura pas le bénéfice de
division, *propter incertum ætatis ac restitutionis,* parce
que la fidéjussion du mineur est une chose incertaine et
précaire, qui ne peut améliorer la situation du majeur.

Du reste l'argument *a contrario* tiré par Cujas (2) du
§ 1er de notre loi 48, nous paraît légitime et, en cas de
fidéjussion simulatanée, nous croyons que le fidéjusseur majeur pourra invoquer le bénéfice de division.
Toutefois il n'en sera ainsi que lorsque le majeur aura
ignoré la minorité de son fidéjusseur, et c'est en ce
sens que Papinien oppose le cofidéjusseur du mineur
à celui de la femme. Au contraire, s'il la connaissait
nous pensons qu'on devrait lui refuser le bénéfice de

(1) Voici ce que dit Godefroy (D. l. 48, § 1, *De fidej.*, *ad notam.*)
Si antequam Caïus minor, fidejuberet pro Titio apud Mœvium, fide-
jussero pro eodem Titio, in solidum Mœvio teneor, *quia minorem
teneri ex ea fidejussione iniquum est,* cum ejus ætas fragilis et expo-
sita captionibus, restitutionem mereatur.

(2) Comment. in lib. *Quæst.* Papin, t. IV, c. 268 et seq.

division ; car il a pu prévoir la possibilité d'une *resti-tutio in integrum* Les fidéjusseurs s'engagent *in solidum*, et s'ils ont le bénéfice d'Adrien, ils n'en doivent pas moins supporter l'insolvabilité de leurs cofidéjusseurs ; or, la *restitutio in integrum* obtenue par le mineur équivaut à une insolvabilité. D'autre part, on ne saurait dire que le créancier a consenti à prendre à sa charge les risques de la restitution du mineur, puisqu'en exigeant un autre fidéjusseur, il a montré qu'il voulait être garanti contre la restitution, et non pas se charger de ce risque (1).

Toutefois, ainsi que le remarque Papinien en finis-sant, si le mineur n'est intervenu que par suite du dol du créancier, la *restitutio in integrum* accordée au mineur n'empêchera pas le fidéjusseur capable de ré-clamer le bénéfice de division : le créancier seul sera victime de son dol (l. 48. § 1. *De fidejuss.*, D. 46-1).

En supposant tous les cofidéjusseurs solvables et capables, l'un d'eux peut-il demander la division avec son cofidéjusseur, quelle que soit la modalité sous la-quelle ce dernier s'est obligé? Je suppose que de deux cofidéjusseurs l'un s'est engagé purement et simplement, et l'autre à terme ou sous condition. Voici quelle est la solution qui nous est donnée par Ulpien, dans la loi 27. *princ.* (*De fid.*, D.) : tant que la condition peut se réaliser, le fidéjusseur pur et simple pourra demander la division et le créancier ne pourra provisoirement (*interim*) le poursuivre que pour sa part dans la dette.

(1) Vid. M. Machelard. *Obligat. natur.*, pag. 245.

En effet, le créancier est en faute d'avoir pris un fidé·
,jusseur sous condition, et il doit subir les conséquences
de sa faute. Mais si la condition ne se réalise pas, ou
si lors de la réalisation de la condition, l'autre fidéjusseur est insolvable, le créancier pourra agir de nouveau
et lui réclamer la totalité de la dette.

§ 4. *Comment et à quel moment le bénéfice de division doit-il être invoqué ?*

Les fidéjusseurs qui veulent user du bénéfice de division doivent l'invoquer ; entre eux la division n'a pas
lieu de plein droit : « Inter fidejussores non ipso jure dividitur obligatio, ex epistola D. Hadriani, » nous dit Gaïus
(L. 26, *De fidejuss* , D.). Si donc le fidéjusseur poursuivi
néglige de réclamer ce bénéfice, il est condamné pour
le tout, et comme, en définitive, il n'a payé que ce
qu'il devait, il n'a pas d'action en répétition contre le
créancier.

Papinien, dans la loi 49 § 1, *De fidejuss.*, D., nous
montre dans une espèce que Cujas appelle *elegantissima*,
la différence qui existe sur ce point entre les fidéjusseurs
et les héritiers d'un débiteur. — Titius et Mœvius se
sont portés fidéjusseurs pour une somme de XX. Chacun
d'eux doit *ipso jure* la totalité de la dette, c'est-à-dire,
X ; mais, en invoquant le bénéfice d'Adrien, ils pour·
ront n'en payer que la moitié, X dans l'espèce. Titius a
payé XX, c'est-à-dire, toute la somme due; pourra-t·
il agir par la *condictio indebiti,* pour se faire restituer
les XX qu'il ne devait qu'*exceptionis ope ?* Pour qu'il y

ait lieu à la *condictio*, il faut supposer que le payement
fait par Titius a été le résultat d'une erreur, par exemple, s'il a cru à l'insolvabilité de son cofidéjusseur. Il
faut décider que Titius n'aura pas la *condictio indebiti*.
Sans doute, il est de principe que celui qui a payé,
étant protégé par une exception perpétuelle, peut agir
par la *condictio*, pour se faire restituer ce qu'il a déboursé:
mais, il faut remarquer que l'exception du rescrit
d'Adrien n'est qu'une exception temporaire : car si
elle existe aujourd'hui, elle peut demain avoir disparu,
par suite de l'insolvabilité du cofidéjusseur ; le payement de la totalité de la dette fait par Titius est donc
parfaitement valable.

Supposons maintenant que Titius meure laissant
deux héritiers *ex æquis partibus*. D'après la loi des
XII Tables, les obligations se divisent *ipso jure* entre
les héritiers proportionnellement à leurs parts héréditaires. Par suite, chacun des héritiers dans l'espèce,
ne doit que X, et si l'un d'eux a payé la totalité de la
somme due, c'est-à-dire XX, il aura la *condictio indebiti*
pour réclamer les X qu'il a payés en sus de ce qu'il
devait. Mais pourra-t-il, en outre, si le fidéjusseur
survivant est solvable, se faire restituer V par le créancier ? On devra, ici comme dans le cas précédent,
refuser à l'héritier la *condictio indebiti* ; car, je le ré-
pète, l'exception du rescrit est temporaire, et l'on
n'accorde la répétition de l'indû qu'à ceux qui ont
payé malgré l'exception perpétuelle qui les protégeait :
« Hoc quoque repeti poterit, si quis perpetua exceptione
tutus solverit. » (*Fragm. Vatic.* § 266.)

Selon Cujas, on devrait refuser la *condictio* à l'héritier ; car, si *exceptionis ope* l'héritier ne devait que V
ipso jure, il n'en devait pas moins X. Nous croyons que
ce n'est pas la vraie raison pour laquelle cette *condictio*
doit être refusée ; car, celui qui paye quand il pouvait
se défendre par une exception perpétuelle, doit bien
ipso jure, et pourtant on lui accorde la *condictio inde-
bili.*

Il fallait donc demander le bénéfice de division.
Mais à quel moment ce bénéfice devait-il être invoqué? Sur ce point, nos anciens auteurs n'étaient pas
d'accord. Les uns, comme Pothier (Pandect. LIX, *De
fidejuss.*) et Vinnius (*Quæst.* lib. 2, § 4), pensaient qu'on
pouvait l'invoquer tant que la sentence n'était pas
prononcée; et ils se fondaient sur la loi 10, § 1
(*De fidejuss.* C.) ainsi conçue : « Ut autem is qui cum
altero fidejussit, non solus conveniatur sed dividatur
actio inter eos qui solvendo sunt, *ante condemnationem,*
ex ordine postulari debet. »

Les autres, comme Cynus, et *nonnulli alii doctores*
pensaient au contraire que ce bénéfice devait être invoqué, avant la *litis contestatio.* L'opinion de Pothier
est aujourd'hui tout-à-fait abandonnée, car elle est
inconciliable avec les principes du droit romain. En
effet, l'action dont se sert le créancier contre le fidéjusseur est une action de droit strict, une *condictio;*
or, dans une action de ce genre, les pouvoirs du juge
étaient limités aux termes mêmes de la formule,
et si la formule ne contenait que l'ordre de condamner le défendeur *in solidum*, sans qu'aucune

exception fût insérée en sa faveur, le juge n'avait pas le droit de la sous-entendre et ne pouvait accorder la division. D'autre part, la *litis contestatio* libérait tous les fidéjusseurs ainsi que le *reus;* on ne saurait donc pas comprendre qu'on pût demander la division entre des personnes qui ne sont plus tenues par le lien de la fidéjussion.

Mais alors comment expliquer cette loi 10, au Code, d'après laquelle le fidéjusseur est en règle, par cela seul qu'il invoque le bénéfice de division *ante condemnationem?* Ces mots ne signifient pas, ainsi que le pensait Pothier, avant d'être condamné. Dans la formule de l'action que délivre le préteur, il y a une partie par laquelle le préteur donne au juge le pouvoir de condamner ou d'absoudre : c'est la *condemnatio.* Alexandre, dans son rescrit, veut donc dire qu'il faut demander le bénéfice de division avant la délivrance de la formule, c'est-à-dire avant la *litis contestatio.*

Voyons maintenant comment s'exerce le bénéfice de division. Lorsque le créancier s'adressera à l'un des débiteurs, à Primus, par exemple, et lui demandera la totalité de la créance si Primus invoque le bénéfice de division, il faudra faire une distinction qui est exigée par les principes mêmes du droit.

Ou bien le créancier ne conteste ni l'existence, ni la solvabilité des autres fidéjusseurs, ou bien, au contraire, il la conteste. Dans le premier cas, la division va s'opérer, pour ainsi dire, immédiatement, en ce sens que le magistrat ne donnera action au créancier contre Primus que pour la part que Primus doit sup-

porter dans la dette. — Dans le deuxième cas, il y a
un procès à juger. Or, le magistrat ne peut pas entrer
dans l'examen des contestations : il va donner au créancier l'action pour la totalité ; seulement afin de laisser au juge le pouvoir d'apprécier si Primus a réellement droit au bénéfice de division, il ajoutera cette
exception : « à moins que Primus ne prouve la solvabilité des autres : *Nisi et cæteri solvendo sint, litis contestatæ tempore.* » (L. 28, *De fidejuss.*, D.)

Au lieu de faire insérer dans la formule, l'exception
nisi et cæteri solvendo sint, le fidéjusseur actionné
pouvait recourir à un autre moyen. Il donnait mandat
au créancier de poursuivre ses cofidéjusseurs *pro parte*,
les risques de leur insolvabilité restant à la charge du
fidéjusseur. Pour agir ainsi, nous dit Ulpien, il faut :

1° Que le fidéjusseur présente au créancier des garanties suffisantes, *si et satisdationes offerat.*

2° Que les cofidéjusseurs soient présents : *Et omnes
confidejussores, qui idonei esse dicuntur, præsto sint*
(L. 10, D. *De fidejuss.*, 46-1).

Mais, dira-t-on, au lieu de recourir à ce moyen détourné, le fidéjusseur ferait bien mieux de se faire céder les actions du créancier, et de poursuivre lui-même
les cofidéjusseurs. C'est vrai, répond Ulpien, mais pour
obtenir la cession des actions, il faut payer toute la
dette, et l'on n'a pas toujours sous la main une somme
quelquefois considérable (L. 18, *De fidejuss.* D.).

§ 8. *Effets du bénéfice de division.*

L'effet immédiat du bénéfice de division, c'est de forcer le créancier à diviser ses poursuites, et à ne demander aux fidéjusseurs solvables que leur part et portion virile dans la somme due.

Mais, comment calculer cette portion ? Faut-il la calculer d'après la somme due dès l'origine, ou seulement d'après la somme qui reste à payer ? Papinien répond qu'il faut toujours considérer la somme au moment de la *litis contestatio*. Voici le fait : deux fidéjusseurs ont garanti une somme de XXX ; l'un d'eux a payé X avant toute poursuite ; si le créancier poursuit ce fidéjusseur pour le reste de la somme, il peut, sans aucun doute, invoquer le bénéfice de division. Si l'on considère la somme primitive, le fidéjusseur ayant déjà payé X ne devra plus que V, XV étant sa part virile. Mais Papinien décide que le fidéjusseur sera obligé de payer X ; car, dit-il, la division ne porte que sur la somme encore due au moment de la *litis contestatio* : « Eam enim quantitatem dividi convenit quam litis contestatæ tempore singuli debent. » (L. 51, § 1, *De fidej.*, D.) Toutefois, ajoute le § 1, *in fine*, cette décision est bien rigoureuse, et il sera humain d'accorder au fidéjusseur l'exception de dol contre le créancier qui persisterait à opérer entre les cofidéjusseurs une division aussi inégale. Cette décision n'est pas de Papinien, mais d'un de ses annotateurs, dont le Digeste a conservé la solution.

Nous avons à nous demander majntenant sur qui retombait la charge de l'insolvabilité des cofidéjusseurs; nous distinguerons, avec les textes, entre les insolvabilités antérieures à la *litis contestatio*, et celles qui lui sont postérieures.

Lorsqu'un des cofidéjusseurs devient insolvable avant la *litis contestatio*, cette insolvabilité tombe à la charge des autres. C'est ce qu'exprime le § 4 (*Inst.*, *De fidej.*). « Ex epistola divi Hadriani compellitur creditor a singulis, qui modo solvendo sunt litis contestatæ tempore, partes petere, ideoque, si quis ex fidejussoribus eo tempore solvendo non sit, hoc cæteros onerat. » Le fidéjusseur insolvable est traité, au point de vue de la division, comme s'il n'existait pas ; car, il ne faut pas que le bénéfice de division introduit dans un but d'équité porte atteinte aux intérêts du créancier (L. 26, D. *De fidejus.*).

Mais, lorsqu'un des fidéjusseurs est devenu insolvable depuis la *litis contestatio*, sa part dans la dette ne tombe pas à la charge des autres cofidéjusseurs ; c'est le créancier seul qui doit la supporter, et il faudrait décider ainsi, lors même que le créancier est mineur de 25 ans; *nec auxilio ætatis defendetur actor ;* car, nous dit Papinien, il a usé du droit commun, et il ne peut pas prétendre avoir été trompé (L. 51, § 4, *De fidejus.*, D.).

Papinien (L. 52, § 1, *De fidejus.*, D.) prévoit une autre hypothèse. Un fidéjusseur est devenu insolvable depuis la *litis contestatio*, le créancier, pupille dans l'espèce, ne pourra se faire restituer *in integrum* contre

la division ; il supportera donc l'insolvabilité du fidéjusseur. Sans doute, s'il y a fraude ou simplement négligence de la part du tuteur, qui aurait pu se faire
payer plus tôt et qui ne l'a pas fait, le pupille pourra
recourir contre lui, par l'action *tutelæ directa,* mais le
principe n'en subsiste pas moins ; toutes les insolvabilités postérieures à la *litis contestatio* sont à la charge
du créancier (L. 52, § 1, *De fid.*, D.).

§ 6. *Comparaison du bénéfice d'Adrien avec celui de la loi Furia.*

Il nous reste à comparer en quelques mots le bénéfice d'Adrien avec celui de la loi Furia.

Tous les deux avaient un point commun : c'est qu'ils
forçaient le créancier à diviser ses poursuites entre les
débiteurs accessoires.

Mais, 1° Le bénéfice de la loi Furia était spécial aux
sponsores et aux *fidepromissores* : le rescrit d'Adrien
protégeait également tous les *adpromissores.*

2° La loi Furia n'était applicable qu'à l'Italie ; le
rescrit d'Adrien s'étendait même aux provinces.

3° En vertu de la loi Furia, la solidarité entre *sponsores* a disparu, et le créancier doit avoir soin de ne
demander à chacun que sa part virile ; sans cela, il
commettrait une plus pétition *re,* et perdrait son procès. Si l'un des *sponsores* avait payé plus que sa part,
il avait la *manus injectio pro judicato* contre le créancier, pour se faire restituer ce qu'il avait payé de trop

(Gaïus, iv, 22). Au contraire, le bénéfice de division
ne détruit pas la solidarité entre les fidéjusseurs : ils
restent tenus *in solidum*, et le créancier peut, sans
commettre une plus pétition, leur demander plus que
leur part. La division n'a pas lieu de plein droit entre
les fidéjusseurs ; celui qui veut jouir de ce bénéfice
doit l'invoquer, et s'il néglige de le faire, il est condamné pour le tout.

4° D'après la loi Furia, la division s'opère entre les
sponsores et les *fidepromissores* vivants à l'échéance ;
qu'ils soient solvables ou non, la division ne s'en
opère pas moins, et l'insolvabilité de l'un d'eux re-
tombe à la charge du créancier. Au contraire, le bénéfice de division n'existe qu'entre les fidéjusseurs solvables, au moment de la *litis contestatio* (L. 26, *De fidejuss.*, D.).

Cette loi Furia fut une des causes de la disparition
des *sponsores* et des *fidepromissores*. La protection
qu'elle leur accordait était, en effet, trop exagérée, et
portait une atteinte manifeste aux droits et aux intérêts
du créancier. Il est permis de croire qu'on créa alors
une classe de cautions qui ne jouiraient pas du bénéfice de la loi Furia ; ce furent les fidéjusseurs qui sont
mentionnés pour la première fois dans une loi Corné-
lia, de l'an 673 de Rome.

SECTION II.

Du bénéfice de division accordé aux mandatores pecuniæ credendæ et aux constituants.

Nous savons que l'on pouvait cautionner une dette en se portant *mandator pecuniæ credendæ*, ou en faisant le pacte de constitut pour la dette d'autrui.

Les *mandatores* avaient-ils le bénéfice de division ? Les textes que nous trouvons, soit au Digeste, soit au Code, ne nous permettent pas d'en douter. Mais, ce bénéfice leur avait-il été accordé expressément par le rescrit d'Adrien, ou ne serait-ce pas plutôt la jurisprudence qui le leur aurait accordé par une considération d'équité ?

Une constitution de Justinien nous dit formellement que le rescrit d'Adrien s'appliquait aux *mandatores* : « Epistola quæ de periculo dividendo inter *mandatores* et *fidejussores* loquitur.» (L, 3, *De constit.pec.*, D. 4-18.) Pourtant (1) on admet généralement que le rescrit d'Adrien ne s'appliquait d'abord qu'aux fidéjusseurs, mais qu'un motif d'équité le fit étendre aux *mandatores*.

C'est ce qui nous paraît résulter de la loi 7 (*De fidejuss. et nominal.*, D. 27-7). Nous connaissons déjà l'espèce prévue par cette loi. Il s'agit de fidéjusseurs ayant donné la caution *rem pupilli salvam fore* et comme tels n'ayant pas le bénéfice de division. Ceux-

(1) Cujas, in lib. iii, *Resp.*; Papin, *ad leg.* 7, *De fidejuss. et mandat*).

ci donnent mandat au pupille qui se prépare à les
poursuivre, de discuter d'abord le tuteur, promettant
de payer tout ce qu'il ne pourra pas obtenir de ce
dernier. Lorsque le pupille, après avoir discuté le tuteur sans pouvoir se faire désintéresser, reviendra
contre les fidéjusseurs, ceux-ci pourront lui opposer le
bénéfice de division ; Papinien argumente par analogie
de ce qui se passe pour les *mandatores pecuniæ credendæ*. En effet, dit ce jurisconsulte, que le créancier
poursuive plusieurs *mandatores*, ou qu'il poursuive plusieurs fidéjusseurs, n'est-ce pas la même chose ? Sans
doute, dans un cas, il agira par l'action *mandati*, et
dans l'autre par la *condictio*, mais la diversité des actions ne doit pas empêcher une division parfaitement
équitable : cur species actionis æquitatem divisionis
excludit? (L. 7. *De fidejuss. et nominat.* D.). Mais ce
qu'il nous faut remarquer spécialement, c'est que Papinien, parlant du bénéfice de division accordé aux
mandatores pecuniæ credendæ, ne dit pas qu'ils peuvent
demander la division d'après le rescrit d'Adrien, ce qu'il
n'eût pas manqué de faire si cet empereur leur eût
formellement concédé ce bénéfice ; il dit que l'action
est divisée entre eux par des considérations d'équité.
C'est donc grâce à la jurisprudence, et même, suivant
Cujas, c'est grâce au seul Papinien que le bénéfice
d'Adrien reçut une application plus large, et fut étendu
aux *mandatores pecuniæ credendæ*.

Mais la jurisprudence s'arrêta là, et n'étendit pas
aux autres débiteurs accessoires le rescrit d'Adrien.
Ainsi, il ne fut pas accordé aux constituants. Ce qui le

4

prouve, c'est que Justinien a jugé nécessaire de faire une constitution spéciale pour le leur attribuer. Cette constitution forme la loi 3 (L. *De constit. pec.*, 4-18). Elle est ainsi conçue : Divi Hadriani epistolam, quæ de « periculo dividendo inter mandatores et fidejussores « loquitur, locum habere in his etiam qui pecunias « pro aliis simul constituunt, necessarium est, æqui- « tatis enim ratio diversas species actionis excludere « nullo modo debet.» Cette extension est fondée sur un motif d'équité, et il est à remarquer que la raison donnée par Justinien est précisément celle que donne Papinien dans la loi 7 (*De fidejuss. et mand.*) à pro- pos des *mandatores pecuniæ credendæ* (L. 3, C. *De constit. pec.*).

CHAPITRE V.

DU BÉNÉFICE DE DISCUSSION.

On peut définir le bénéfice de discussion, la faveur accordée au fidéjusseur poursuivi de renvoyer le créancier à discuter d'abord le débiteur principal. Grâce à ce bénéfice, les fidéjusseurs peuvent exiger que le créancier poursuive d'abord le *reus*, et ainsi ne les oblige à payer pour celui-ci que ce qu'il n'aurait pu payer lui-même.

Il faut l'examiner à deux époques bien distinctes :

1° Avant Justinien ;

2° Après Justinien, ou plutôt après la promulgation de la novelle IV.

SECTION Ire.

Bénéfice de discussion avant Justinien.

En principe, le créancier qui a un débiteur et une caution est parfaitement libre de choisir entre ces deux obligés celui à qui il demandera son payement, et qu'il poursuivra en justice.

A l'égard des fidéjusseurs, nous trouvons cette règle dans un grand nombre de lois, et notamment dans une constitution de l'empereur Antonin Caracalla de l'an 215 : qui est ainsi conçue : « Jure nostro, potestas creditori, *relicto reo*, eligendi fidejussores, nisi inter

« contrahentes aliud placitum doceatur. » (L. 5, *De fide-jus.*, C. 8-44.)

Nous retrouvons cette même doctrine dans un rescrit des empereurs Sévère et Antonin, qui forme la loi 3 au Code (*eod. tit. De fidej.*). « Non recto procura-» tores nostri, si allegationi tuæ fides adesset, audire » te noluerunt ex bonis fidejussoris, quæ ad fiscum » pervenerunt, pecuniam repetentem, sed reum prin-» cipalem convenire jusserunt, *cum electionis potestas » permittatur creditori.* » (L. 3, C. 8-41.)

Le même principe existait à l'égard des *mandatores pecuniæ credendæ;* le créancier pouvait poursuivre aussi bien le *mandator* que le débiteur principal. Il avait « *liberam electionem.* » La loi 56, pr. *mandati* nous le dit formellement : « Qui mutuam pecuniam » dari mandavit, *omisso reo promittendi* et pignoribus » non distractis eligi potest. »

Quant aux constituants, le créancier avait également le droit de les poursuivre avant de s'adresser au débi-teur principal. La loi 19, C. *De fidejuss.* met sur la même ligne les fidéjusseurs, les mandatores et les constituants.

« Si alienam rem reo principaliter constituto obli-» gationem suscepisti, *vel fidejussorio, sive mandatorio,* » *vel quocumque alio nomine pro debitore intercessisti,* » non posse creditorem urgeri eum qui mutuam acce-» pit pecuniam, magis quam te convenire scire debue-» ras; cum si hoc in initio contractus specialiter non » placuit, habet *liberam electionem.* » (L. 19, C. De *fidejuss.* 8-41.)

Il résulte donc de toutes ces lois que le créancier pouvait actionner indifféremment le débiteur principal ou le fidéjusseur. (*Vid.* L. 3, § 1, *De duob. reis.* D. I. 1, C. *De fidejuss. tutor. vel curator.* L. 21, C. *De fidejuss.*)

En présence des puissants moyens de coercition établis par les lois romaines contre les débiteurs, on fut obligé de chercher quelque moyen pratique destiné à adoucir la position onéreuse que l'on avait faite à la caution.

On en trouva deux que nous examinerons successivement : 1° la *fidejussio indemnitatis*.

2° Le mandat dans l'intérêt du mandant et du mandataire.

I. *De la fidejussio indemnitatis* (1). Nous savons que, grâce à la formule de la stipulation, le fidéjusseur ordinaire promettait la même chose, *idem*, que le débiteur principal. Mais, au lieu d'interpeller le fidéjusseur en ces termes : « idem dare spondes ? » le créancier pouvait changer la formule de la stipulation et lui demander : « quanto minus à Titio consecutus fuero, » dare spondes? » Le fidéjusseur qui s'engageait ainsi à ne payer que ce que le créancier ne pourrait pas obtenir du débiteur principal est appelé par les commentateurs *« fidejussor indemnitatis.* » Il ne faudrait pas conclure de cette formule que ce fidéjusseur ne pût jamais être obligé à payer la totalité de la dette; il ne doit, il est vrai, que ce que le débiteur principal ne peut pas payer, mais si ce débiteur principal est tout

(1) *Vid.* M. Pellat, *Textes choisis des Pandectes*, p. 161.

à fait insolvable, il est clair que le fidéjusseur sera forcé de payer le tout. C'est ce que nous dit Gaïus : « Non solet dubitari quin si nihil a Titio fuero consecutus, totum debeas quod Titius debuerit. » (L. 150, D. *De verb. significat.*)

A un certain point de vue, la *fidejussio indemnitatis* était plus avantageuse pour le créancier que la fidéjussion ordinaire. En effet, le créancier peut bien poursuivre à son gré le *reus* ou le fidéjusseur, mais, les poursuites dirigées contre l'un libèrent l'autre, et le droit du créancier une fois déduit *in judicium* est éteint par l'effet de la *litis contestatio*, et ne saurait revivre (Paul. *Sent.* lib. II, XVII, § 16).

Il n'en est pas ainsi pour le *fidejussor indemnitatis;* les textes nous disent formellement que les poursuites exercées par le créancier contre le *reus* ne libèrent pas le fidéjusseur. « Sed et si X petieris a Titio (id est, reo). Mœvius non erit solutus, » nous dit Papinien (L. 116, D. *De verb. oblig.* 45·1). Celsus nous dit de même : « Si X petiero a Titio, non liberatur Séius fidejussor. » (L. 42, de reb. credit. 12·1.)

Quelle en est la raison? Il y avait sur ce point controverse entre les jurisconsultes romains. Selon Celsus, le fidéjusseur ne serait pas libéré, parce que cette libération serait contraire à l'intention du créancier; en effet, s'il en était ainsi, à quoi lui serviraient les précautions qu'il a prises. « Alioquin nequicquam creditori cavetur. » (L. 42, *De reb. credit.* 12·1.)

Paul, dans la loi 116 (*De verb. oblig.* D. 45·1), nous donne une autre raison. Si le fidéjusseur n'est pas libéré par les poursuites dirigées contre le *reus*, c'est, dit-il, qu'il, n'existe entre eux aucun lien de solidarité; ils ne sont pas *duo rei ejusdem obligationis;* ce sont deux débiteurs tenus différemment; l'un, Titius, débiteur principal, est tenu purement et simplement; l'autre, Mœvius, fidéjusseur, est tenu sous la condition : *si a Titio exigi non poterit;* et si les poursuites que j'exerce contre Titius ne libèrent pas Mœvius, c'est qu'on ignore à ce moment si Titius exécutera ou non ses engagements. Mœvius sera tenu pour le tout, si Titius ne paye rien; il ne sera tenu que *pro parte*, si Titius ne paye qu'une partie de la somme due, et il ne devra absolument rien, si le débiteur principal paye la totalité de la dette; et, dans le cas où Titius a payé le tout, il n'est pas vrai de dire que Mœvius soit libéré : il n'a jamais été obligé, puisque la condition sous laquelle il s'est engagé ne s'est pas réalisée. « Igitur nec » Titio convento, Mœvius liberatur qui an debiturus » sit, incertum est; et solvente Titio non liberatur Mœ- » vius, qui nec tenebatur cum conditio stipulationis » deficit. » L. 116, *De verb. oblig.* 45-1.)

Ainsi, les deux jurisconsultes sont d'accord sur la solution : en poursuivant le débiteur principal, le créancier n'a pas libéré le fidéjusseur; mais ils ne conçoivent pas de la même manière les rapports des deux promettants entre eux.

Mais, voici entre les deux jurisconsultes une divergence plus profonde. Selon Celsus, le créancier peut poursuivre en première ligne le fidéjusseur; mais il ne pourra lui demander que ce que Titius est incapable de payer, au moment où Mœvius est actionné ; ainsi, il ne pourra plus agir contre Titius que pour la partie qui n'a pas pu être comprise dans l'action dirigée contre Mœvius. Paul repousse cette décision : il n'admet pas que l'on puisse tout d'abord actionner le fidéjusseur. Selon ce jurisconsulte, Mœvius n'est qu'un débiteur conditionnel ; il s'est engagé sous la condition : « Si a Titio exigi non poterit. » Il ne peut donc être poursuivi qu'après la réalisation de la condition, c'est-à-dire après la discussion préalable du débiteur principal. En résumé, selon Paul, il faut discuter le débiteur principal avant de pouvoir actionner le fidéjusseur ; selon Celsus, au contraire, on peut, tout d'abord, poursuivre le fidéjusseur.

Mais, faut-il dire que Celsus refuse au *fidejussor indemnitatis* le bénéfice de discussion ? Nous ne le croyons pas, et la divergence qui existe entre les deux jurisconsultes nous paraît, sur ce point, plus apparente que réelle. En effet, si Celsus permet d'actionner en première ligne le fidéjusseur, que permet-il de lui demander ? Seulement ce que Titius, débiteur principal, ne peut pas payer au moment où Mœvius est poursuivi par le créancier. Or, pour connaître cette somme, il faut évidemment avoir discuté Titius ; donc, dans les deux cas, on arrive au même résultat pratique, à savoir que le *fidejussor indemnitatis* ne sera contraint à payer qu'après la discussion du débiteur principal.

Voici sans doute comment les choses se passaient : selon Celsus, le créancier pouvait valablement poursuivre le *fidejussor indemnitatis*, car ce fidéjusseur est tenu purement et simplement. Seulement le créancier ne pourra évidemment se faire délivrer par le magistrat qu'une formule *incerta* (1) ; en effet, on ne sait pas encore ce que doit le fidéjusseur ; cela dépend de la solvabilité plus ou moins grande du débiteur principal. Le juge puisera donc dans son *officium* le droit d'ordonner la discussion du débiteur principal ; il le faut bien pour qu'il puisse remplir sa mission, et déterminer au juste le montant de la condamnation à prononcer contre le fidéjusseur. Dans ce système, la discussion du débiteur principal est la conséquence obligée de la procédure telle qu'elle a été introduite. Maintenant, quand le débiteur principal aura été discuté, le juge prononcera l'absolution ou la condamnation du fidéjusseur, suivant les cas, sans que le créancier soit obligé d'intenter une nouvelle action ; celle qu'il a exercée ayant efficacement saisi le juge, il n'y aura eu qu'un simple sursis à statuer.

Suivant Paul, le créancier doit d'abord discuter le *reus;* s'il poursuit le *fidejussor indemnitatis* auparavant, son action est inefficace et ne peut avoir pour effet de saisir le juge. La raison en est que le fidéjusseur est un débiteur conditionnel ; il est obligé si le débiteur principal ne peut pas payer, et dans les limites de cette insolvabilité.

Tant qu'on ne sait pas quelle est la somme que le

---

(1) Voici quelle serait cette formule : « Quod Aulus Agerius de Numerio Negidio quantominus a reo servare poterit stipulatus est, qua de re agitur, quidquid paret Numerium Negidium Aulo Agerio dare facere oportere, quanti ea res erit, judex condemna.

reus est en état de payer, la condition sous laquelle le fidéjusseur est obligé n'est pas réalisée, et le demandeur ne saurait valablement déduire *in judicium* une obligation qui n'est point encore née. Nous n'allons point jusqu'à dire que le créancier a commis une plus-pétition *tempore*, quand bien même il faudrait se placer dans le système des jurisconsultes suivant lesquels le créancier conditionnel était, au point de vue de la plus-pétition *tempore*, placé sur la même ligne que le créancier à terme ; en effet, la formule, à supposer que le magistrat l'ait délivrée, est *incerta*, ce qui exclut toute idée de plus-pétition (Gaius, IV, 54). Dans ce système, il ne sert de rien au créancier de poursuivre au préalable le fidéjusseur ; cette poursuite ne peut aboutir, ni si l'on suppose que le magistrat refuse la formule, ni si l'on suppose qu'il la délivre. C'est donc au créancier à se pourvoir préalablement contre le débiteur principal et à le discuter ; c'est là une nécessité de sa situation ; cette discussion une fois opérée, il pourra poursuivre le *fidejussor indemnitatis* ; mais, dans aucun cas, il ne pourra se servir de l'action qu'il a déjà exercée, et par laquelle le juge n'a point été saisi. Il devra exercer une action nouvelle pour réclamer du fidéjusseur ce qu'il n'aura pu obtenir du *reus*.

En somme, entre les deux systèmes, il n'y a qu'une différence de procédure ; dans l'un et l'autre, la discussion du *reus* est dans la nécessité des choses, et elle n'apparaît pas comme bénéfice que le fidéjusseur puisse invoquer ou négliger à son gré (L. 43, § 9, *de œdilit. edict.* D, 2-11).

II. *Mandat dans l'intérêt du mandant et du mandataire. — (Inst. §, 2, Mandato.)* La caution pouvait encore, par un autre moyen, ajourner les poursuites du créancier, après la discussion du débiteur principal.

Lorsque le créancier se dispose à poursuivre le fidéjusseur, celui-ci, qui tient à n'être point poursuivi en premier lieu, qui n'a pas en main les fonds nécessaires pour payer la dette, donne au créancier mandat d'agir contre le *reus*. En vertu de ce mandat, le créancier poursuivra le *reus* et le fera condamner : si le débiteur principal paye la totalité de la dette, pas de difficultés, le fidéjusseur sera libéré ; mais si le débiteur est tout à fait insolvable, ou ne paye qu'une partie de la dette, le créancier pourra agir contre le fidéjusseur, non par l'action *ex stipulatu*, car cette action est éteinte par la poursuite contre le *reus*, mais par l'action *mandati contraria*, et lui réclamera l'exécution des obligations nées du mandat (L. 22, § 2. L. 45, §§ 7 et 8 *Mandati* D. 17-1).

Cette convention était à la fois dans l'intérêt du mandant et du mandataire : dans l'intérêt du mandant, car, il est évident que le fidéjusseur se soustrait par là, du moins pour un temps, à la nécessité de payer pour autrui ; dans l'intérêt du mandataire, car le créancier pourra agir successivement contre le débiteur principal et contre le fidéjusseur ; il a, en effet, deux actions à son service, la *condictio*, et l'action *mandati*, et ce qu'il ne peut obtenir par l'une, il l'obtiendra par l'autre. Il échappe ainsi à la règle : *electo reo principali, fidejussor liberatur* (Paul, *Sent.*, lib. 2 : xvii, 16).

Telle était, avant Justinien, la situation des cautions : elles n'avaient pas le bénéfice de discussion, et les procédés par lesquels il était remplacé n'étaient pas suffisants pour les protéger efficacement.

Quelques cautions, cependant, avaient, même avant Justinien, le droit de demander la discussion du débiteur principal. Tels étaient les fidéjusseurs des débiteurs du·fisc. Cette obligation pour le fisc de discuter les débiteurs principaux avant les débiteurs accessoires ne saurait être révoquée en doute. Elle nous est attestée par ces mots d'une constitution de Dioclétien : « non prius ad eos qui debitoribus fisci nostri sunt « obligati, actionem fiscalem extendi oportere, nisi « patuerit reos idoneos non esse, *certissimi juris est.* » (L. 4, *Quando fisc. vel priv.*, C. 4-15). Ulpien nous donne la même solution dans la loi 3, § 4 (*De administr. rer.* D. 50-8) : un fidéjusseur répondant pour un magistrat, a de plus fourni des gages, *pignora dedit;* ces gages doivent être considérés comme donnés, pour le cas seulement où le fidéjusseur pourra être légalement actionné, c'est-a-dire si le fisc n'a pu recouvrer ce qui lui est dû, en vendant les biens des magistrats : « In eum casum pignora videntur data « quo recte convenitur fidejussor videlicet postquam « res ab eo servari non potuerit pro quo intercessit. » (L. 3, § 4 ; D. *De adm. rer.*).

De même, les pères des magistrats fils de famille étaient assimilés à des fidéjusseurs, répondant des sommes que leurs fils pourraient devoir à l'Etat, si toutefois ils avaient consenti à leur entrée en charge

(L. **2**, *Ad municip.* 50-1, D.). Or, on devait poursuivre
d'abord le fils avant de s'adresser au père; le père,
en ce cas, avait le bénéfice de discussion. « Vico fidejussoris pater accipitur, *sed nos ante nisi tuis propriis
rebus excussis.* » (L. 17, § 2, *Ad municip.* D. 50-1.—
L. C 10-31, *De decur. et fil. cor.*).

Après la promulgation de la Novelle IV de Justinien.

Justinien accorda aux cautions le bénéfice de discussion, c'est-à-dire, depuis la promulgation de la novelle IV, le créancier s'adressera d'abord *ad eum qui
aurum accepit, debitumque contraxit,* et ne devra s'at-
taquer à la caution qu'après avoir poursuivi inutile-
ment le débiteur principal.

§ 1.

Dans le très-ancien droit romain, si l'on en croit
la préface de cette novelle, une loi depuis longtemps
tombée en désuétude aurait accordé aux cautions le
bénéfice de discussion, et ce serait cette loi que Justinien
reproduit en l'améliorant. Quelle était donc cette *antiqua lex?* Nous n'en trouvons aucune trace dans les
textes du Digeste et du Code. Cujas (1) conjecture que
c'est la loi des XII Tables. « Vetustissima enim est,

_____

(1) Cujas, *Explicat.*, nov. IV.

dit-il, et forsitan XII Tabularum. » Mais cette assertion
n'est pas suffisamment justifiée; et il serait bien éton-
nant qu'une disposition aussi importante. contenue
dans une loi aussi souvent citée et commentée, et surtout aussi rigoureuse pour les débiteurs que la loi
des XII Tables, n'ait été l'objet d'aucune mention
dans les textes.

Dirons-nous, comme M. Ponsot (du Cautionnement,
n° 183), que jusqu'au règne d'Alexandre-Sévère, les
cautions eurent le bénéfice de discussion, et qu'il leur
fut enlevé par la constitution 3, au Code De fidejussor (2)? Nous ne le croyons pas, car, s'il en était
ainsi, nous ne comprendrions pas le silence de Gaïus
(qui vivait à peu près à cette époque), sur un point
aussi important. D'autres auteurs enfin ont révoqué
en doute l'existence même de cette antiqua lex. Quoi
qu'il en soit, nous en sommes réduits à des conjectu-
res, dans l'examen desquelles nous n'entrerons pas.

§ 2. *Quelles personnes peuvent invoquer le bénéfice
de discussion ?*

Ce bénéfice fut, sans aucun doute, accordé aux fidéjusseurs et aux *mandatores*. Mais fut-il attribué aux
constituants? Les textes latins de la novelle que nous
avons entre les mains, ne parlent que des *sponsores*, et

---

(1) La loi 3 (Code de fidejuss.) n'est pas d'Alexandre-Sévère, comme
l'a dit M. Ponsot, et après lui M. Troplong (Caut., n° 224), sans
doute par inadvertance, mais bien de Septime-Sévère et de Caracalla; elle est de l'an 209, et c'est l'année même de la naissance
d'Alexandre-Sévère.

ne disent pas un mot des constituants. Mais la *sponsio* avait disparu depuis longtemps, et il est peu probable que Justinien ait voulu faire revivre une institution que les besoins de la pratique avaient fait abandonner. Aussi Cujas remontant au texte primitif de la novelle IV. propose-t-il de traduire le mots « αν τιϛανι.των » du texte grec, non plus par *sponsores*, mais par *pecuniæ constitutæ reos*. Du reste, si la novelle IV ne parle pas des constituants, le bénéfice de discussion n'a pas tardé à leur être accordé, car la novelle CXXXVI, de l'an 541, c'est-à-dire postérieure seulement de six ans à la novelle précédente, parle de ce bénéfice comme d'un droit préexistant pour cette classe de cautions.

Le texte de la novelle n'a prévu que le cas où il n'y a qu'un débiteur principal; mais il peut y voir plusieurs débiteurs. Supposons, par exemple, deux débiteurs solidaires, et un seul fidéjusseur; si ce fidéjusseur a cautionné l'un et l'autre des deux codébiteurs, on devra sans aucun doute lui permettre de faire discuter les deux débiteurs l'un après l'autre, et il ne sera contraint de payer que si leur insolvabilité est constatée par la discussion du créancier.

Mais qu'arriverait-il si un seul des codébiteurs solidaires avait donné un fidéjusseur ? Cette caution peut-elle obliger le créancier à discuter non-seulement celui des débiteurs pour lequel elle s'est rendue caution, mais encore l'autre débiteur principal ?

Pothier (*Obligat.*, n° 412) pense qu'elle le peut : et il donne deux raisons à l'appui de cette opinion. La

première est « qu'il est équitable qu'une dette, autant
» que faire se peut, soit payée, plutôt par ceux qui en
» sont les véritables débiteurs que par ceux qui en sont
» débiteurs pour autrui. Quintilien a dit avec raison :
« Non aliter, salvo pudore, ad sponsorem venit creditor
» quam si recipere a debitore non possit (Declamat.
» 273).

La deuxième raison est que : « l'obligation de tous
» les débiteurs solidaires n'étant qu'une même obliga-
» tion, en accédant à l'obligation de celui pour qui
» il s'est rendu caution, il a accédé à celle de tous. »

Malgré la grande autorité de Pothier, nous pensons,
avec notre savant maître, M. Demangeat (1), que ces
raisons ne sont pas suffisantes pour faire décider la
question en ce sens. — Quant à la première raison
donnée par Pothier, elle peut être excellente dans le
for intérieur; mais « quand il serait vrai que la décence
» exige que le créancier cherche d'abord à se faire
» payer par les débiteurs principaux, il ne serait pas
» permis d'en conclure que la caution peut le forcer
» à procéder de cette manière. » (Vid. M. Demangeat,
loc. cit.).

La seconde proposition de Pothier ne nous semble
pas exacte non plus; il y a des différences bien certaines entre le cas où le fidéjusseur n'a cautionné que
l'un des rei, et celui-ou il les a tous cautionnés. Ainsi,
nous avons vu que si duo rei promittendi ont donné
chacun un fidéjusseur, ces fidéjusseurs ne peuvent pas

(1) M. Demangeat, De duob reis, p. 187 et seq.

invoquer le bénéfice de division. Il est certain, d'autre part, que lorsque le fidéjusseur a payé la totalité, il peut bien, par l'action *mandati* ou *negotiorum gestorum* recourir pour la totalité contre le débiteur qu'il a cautionné, mais cette action ne peut pas lui être donnée contre l'autre codébiteur solidaire. Nous sommes donc conduit par les principes à dire que le fidéjusseur ne peut pas renvoyer le créancier à discuter le débiteur principal qu'il n'a pas cautionné ; les effets de la qualité de débiteur principal et de fidéjusseur ne se produisent que d'une manière relative et dans les rapports de certaines personnes déterminées.

§ 3. *Quelles personnes n'ont pas le bénéfice de discussion.*

Le bénéfice établi par la novelle IV n'est applicable, nous dit Justinien, que si le débiteur principal et la caution sont tous les deux présents : « Si quidem præsentes ei consistant ambo et principalis et intercessor ». Mais, si le débiteur principal est absent, n'est-il pas bien rigoureux d'envoyer le créancier demander au loin, un payement qu'il pourrait obtenir au lieu même où il se trouve? L'*antiqua lex* n'apportait aucun remède à cet état de chose, et c'est là une des améliorations que l'Empereur annonce dans la préface de sa novelle. Il permit à la caution de demander au juge un délai pour faire comparaître le *reus*, délai que le juge accordera en le déterminant (causæ presidens judex det

tempus intercessori volenti principalem deducere).
Pendant ce temps, il sera sursis aux poursuites contre
la caution, mais si, à l'expiration du temps fixé par le
juge ; le *reus* n'a pas comparu, l'instance sera conti-
nuée contre la caution qui pourra être condamnée.
« Si vero tempus in hoc indultum excesserit, tunc fidejussor exequatur litem, et debitum exigatur contra
eum (nov. IV, cap. 1, *in fine*). S'il en eût été autrement, le débiteur principal aurait pu s'absenter à des-
sein de concert avec le fidéjusseur, et comme l'assigna-
tion, l'*in jus vocatio* ne pouvait se faire contre un absent,
l'action du créancier eût été entravée indéfiniment.
Le préteur avait bien introduit plus tard la *missio in
possessionem* des biens du défendeur absent, mais ce
remède était insuffisant dans le cas où le débiteur principal était insolvable, ce qui est fréquent pour les
débiteurs cautionnés.

Les *argentarii* n'avaient pas été compris dans les
dispositions favorables de la novelle IV : « Argentario-
rum quippe sponsionibus propter utilitatem contra-
hentium in ordine moderno durantibus, » dit le cha-
pitre III de cette novelle. Ils n'avaient donc pas le
bénéfice de discussion. Cette disposition de la novelle
mettait ainsi les *argentarii* en dehors de la loi commune
et rendait leur position difficile et dangereuse. Ils portè-
rent leurs doléances à Justinien, firent valoir les
services qu'ils rendaient et les dangers auxquels ils
étaient exposés. Depuis la promulgation de la novelle
IV, disaient-ils, leurs opérations étaient entravées :
« Ipsorum eximi consortium et pati omnium gravissi-

ma. » Car, d'une part, les cautions de leurs débiteurs pouvaient leur opposer le bénéfice de discussion,
tandis que s'ils se portaient eux-mêmes fidéjusseurs,
le créancier pouvait s'adresser immédiatement à eux,
en laissant de côté le débiteur principal. En conséquence
ils demandaient ou le bénéfice de droit commun, ou
du moins que la novelle IV fût considérée, à leur
égard, comme non avenue, aussi bien dans leur intérêt
que contre eux : « Ut ipsi communium legum participes
sint, aut sibi constitutio nostra non adversetur (nov.
CXXXVI, préf.).

Ce qui probablement avait fait exclure les *argentarii* des dispositions favorables de la novelle IV,
c'est que leur intervention n'était jamais gratuite,
que s'ils rendaient des services, ils y mettaient des
conditions très-onéreuses, et que, par suite, ils étaient
vus avec peu de faveur. Aussi, Justinien ne leur accorda-
t-il pas le bénéfice de discussion, tel que la novelle IV
l'avait constitué. Seulement, leur dit il, si les cautions peuvent repousser le créancier, en l'envoyant
discuter le débiteur principal, ce n'est qu'un bénéfice
introduit en leur faveur, et il est de principe qu'on
peut toujours renoncer à ce qui a été introduit en sa
faveur : « Unicuique integrum est his, quæ ipsi a lege
data et concessa sunt, renuntiare (nov. CXXXVI, c. 1). »
En conséquence, il leur permet de faire avec les cautions le pacte suivant : « Ut creditori licentia sit tam
principalem debitorem quam fidejussorem conveniendi
non expectato constitutionis gradu (Vid. cap. 1). »
Donc si les cautions n'avaient pas renoncé au bénéfice

de discussion, les *argentarii* retombaient sous le droit de la novelle IV. Si, au contraire, ils avaient eu le soin d'exiger cette renonciation, ils pouvaient actionner ausssi bien les cautions que los débiteurs principaux.

Justinien ne se dissimulait pas l'importance de la concession qu'il faisait aux *argentii* ; on dirait qu'il éprouve quelques scrupules à autoriser de semblables pactes ; ils s'appuie sur des considérations d'intérêt public, et il prend la peine de justifier la modification qu'il apporte à la novelle IV : « Propter ingens enim illud studium, dit-il, quod argentarii circa publicos contractus adhibent, hujusmodi pacta conventa admittimus (nov. 136, cap. 1). » Cette concession était en effet de la plus haute importance. Elle arrivait à supprimer le bénéfice de discussion, et l'ordre légal des poursuites que l'empereur avait établi dans la novelle IV ; car ceux qui ont besoin d'argent étant toujours à la merci de ceux qui leur en prêtent, il arriva que les *argentarii* exigèrent toujours des cautions la renonciation à la novelle. Les simples particuliers suivirent l'exemple des *argentarii*, et c'est là l'origine des clauses de renonciation au bénéfice de discussion, si fréquentes dans notre ancien droit, et dans notre droit moderne (art. 2021 C. N.).

DROIT FRANÇAIS

—◆◇◆—

DES DIVERS BÉNÉFICES ACCORDÉS AUX CAUTIONS

Les divers bénéfices que nous venons d'étudier, dans la législation romaine passèrent, avec quelques changements, dans notre ancienne jurisprudence, et, de là, avec de nouvelles modications dans le Code. Nous allons nous occuper de chacun de ces bénéfices en particulier.

————

CHAPITRE PREMIER.

BÉNÉFICE DE DISCUSSION.

Nous avons défini le bénéfice de discussion : le droit qu'a la caution, lorsqu'elle est poursuivie par le créancier d'exiger que le créancier fasse préalablement procéder à la saisie et à la vente des biens du débiteur principal.

Notre droit coutumier semble avoir reçu tardivement

le bénéfice de discussion ; on n'en trouve pas de traces dans Beaumanoir ; toutefois, comme on voit plus tard ce bénéfice dans toutes les coutumes, on peut supposer à bon droit qu'il y fut introduit par l'influence du droit romain. La novelle IV en fut l'origine première, et ce qui le prouve, c'est que, dans les pays coutumiers, quand une caution voulait renoncer au bénéfice de discussion, elle disait qu'elle renonçait à l'authentique *præsente*, qui résume, dans le Code, la novelle IV. Les renonciations à l'authentique devinrent bientôt très-fréquentes, et même, lors de la réformation de la coutume de Bourgogne, on crut devoir supprimer le bénéfice de discussion, comme tombé en désuétude (1). Les autres coutumes conservèrent, en principe, le bénéfice de discussion ; mais, vu son peu d'utilité et son peu de faveur, on le soumit à des conditions onéreuses pour la caution, on le regarda comme une exception pure-ment dilatoire, et on le plaça au rang des moyens de droit qu'on appelait *de apicibus juris, non de œqui-tate*.

Cependant les rédacteurs du Code ont maintenu le bénéfice de discussion ; ils ont vu là un moyen de pro-téger la caution, et prenant en considération la faveur qu'elle mérite, ils n'ont pas voulu la priver de cette protection. Le tribun Lahary s'exprimait ainsi : « Cette » rigueur (celle du droit romain, avant la novelle IV) » était aussi excessive que contraire à la nature et à

---

(1) Voici le texte de la coutume de Bourgogne, tit. v, art. 3. — Le créancier peut poursuivre son principal obligé , où son *pleige* (*caution*) pour tout son debt, lequel il veut choisir.

» l'objet du cautionnement, qui ne soumet le fidéjus-
» seur au payement de la dette, que dans le cas où le
» débiteur ne peut pas y satisfaire. Il était donc juste
» de la faire cesser, et de venir au secours de ceux qui,
» en s'obligeant pour autrui, n'avaient point entendu
» que cet acte de bienfaisance pût leur devenir nuisi-
ble. » (*Disc. prononc. au Corps législat. par le trib.
Lahary, orateur du tribunat, séance du 24 pluviôse,
an 12*).

D'autre part, disait le tribun Chabot, « le créan-
» cier ne peut se plaindre dans aucun cas, puisqu'il
» a été le maître de n'accepter la caution qu'à la con-
» dition qu'elle renoncerait au bénéfice de discussion.
» Mais s'il a accepté la caution d'une manière pure et
» simple, il a volontairement consenti à discuter le dé-
» biteur principal. *Volenti non fit injuria*. » (*Rapp. au tribun. par Chabot (de l'Allier), séance du 21 pluviôse an 7.*)

Le bénéfice de discussion est consacré par le Code
Napoléon, qui a pris soin de l'environner de certaines
précautions dont la plupart étaient nécessaires pour
sauvegarder les intérêts du créancier, et empêcher les
fraudes qui auraient pu se commettre.

Avant d'entrer dans les détails de notre matière,
nous devons faire une observation. Des termes employés
par les art. 2011 et 2021, certains auteurs (1) ont con-
clu que la discussion préalable du débiteur principal
était la condition suspensive de l'obligation de la caution; en telle sorte que le créancier ne serait point reçu

(1) MM. Delvincourt, t. III; p. 140; Duranton, t. IV, n° 331.

à diriger des poursuites contre la caution, tant qu'il n'aurait pas discuté le débiteur principal. Cette opinion est restée à l'état d'isolement, et avec juste raison ; elle est contraire aux traditions de l'ancien droit. Pothier nous dit, en effet, que la caution est une débitrice pure et simple, et rien ne peut faire supposer que les rédacteurs du Code aient entendu innover (Poth., *Obligat.* n° 413). De plus, comme le fait très-bien remarquer M. Bugnet, un pareil système rendrait complétement inutile le bénéfice de discussion, tel qu'il est organisé par le Code, attendu que la caution poursuivie avant le débiteur principal aurait un moyen bien plus simple de se soustraire à l'action du créancier; ce serait de prétendre que son action n'est point encore née. Les articles précités veulent dire qu'à défaut de payement effectué à l'échéance par le débiteur principal, le créancier pourra s'adresser à la caution. Ils ne veulent pas le moins du monde faire allusion à l'impossibilité dans laquelle peut se trouver le débiteur principal, pour faire de cette impossibilité dûment constatée la condition *sine qua non* des poursuites à exercer contre la caution.

Non-seulement les dispositions ci-dessus n'imposent pas au créancier la necessité de discuter préalablement la caution, mais elles ne l'obligent même pas à mettre le débiteur en demeure. Interprétées autrement elles tendraient à introduire dans la législation un bénéfice auparavant inconnu, savoir le *bénéfice de mise en demeure*, et à multiplier les frais en multipliant les actes de procédure.

Ceci posé, nous allons entrer dans le détail des règles qui régissent le bénéfice de discussion : nous examinerons les cinq points suivants :

1° Quels sont les débiteurs auxquels la caution peut renvoyer le créancier pour discuter leurs biens.

2° Quelles cautions peuvent invoquer le bénéfice de discussion ?

3° A quelle époque la caution qui a ce bénéfice peut-elle et doit-elle en user? (Art. 2022.)

4° Quelles sont les conditions du bénéfice de discussion;

8° Et quels sont ses effets ?

SECTION Iʳᵉ.

Quels sont les débiteurs auxquels la caution peut renvoyer le créancier pour discuter leurs biens.

C'est aux débiteurs qu'elle a cautionnés, que la caution peut renvoyer le créancier, et c'est sur leurs biens qu'elle peut réclamer la discussion. L'art. 2021 *initio*, le dit formellement : « La caution n'est obligée envers le créancier à le payer *qu'à défaut du débiteur principal*, qui doit préalablement être discuté *dans ses biens*. » — Le certificateur de caution, c'est-à-dire la caution de la caution, qui, à son égard, est comme un débiteur principal, peut demander la discussion, et du chef de celle-ci et du chef du débiteur principal.

Lorsque de plusieurs débiteurs obligés solidairement, un seul a fourni une caution, cette caution peut elle exiger que le créancier discute, non-seulement le débiteur cautionné, mais encore tous les autres ? Nous avons déjà vu que, selon Pothier, dont l'opinion a été adoptée, sans examen, par quelques auteurs modernes, la caution peut exiger la discussion de tous les codébiteurs solidaires. D'après lui, l'obligation des codébiteurs solidaires n'étant qu'une même obligation, le fidéjusseur, en accédant à celle de l'un a accédé à celle de tous.

Cette opinion nous semble bien difficile à soutenir encore aujourd'hui; si l'on suivait la théorie de Pothier, il faudrait dire qu'il n'y a aucune différence entre le cas où le fidéjusseur a cautionné tous les codébiteurs solidaires et le cas où il n'en a cautionné qu'un seul; or il est manifeste que les deux cas doivent être soigneusement distingués. N'avons-nous pas vu, et cette décision est admise par la généralité des auteurs, que si deux codébiteurs solidaires ont donné chacun une caution, le fidéjusseur de l'un ne peut pas invoquer le bénéfice de division, à l'encontre du fidéjusseur de l'autre ? De même, dans notre espèce, quand l'un des codébiteurs solidaires a donné seul un fidéjusseur, celui-ci n'est tel que vis-à-vis du codébiteur qu'il a cautionné; vis-à-vis des autres codébiteurs, il doit être traité comme le débiteur qu'il garantit. Or, si le codébiteur solidaire qui a fourni une caution était actionné, il devrait payer le tout, sans pouvoir renvoyer le créancier discuter les autres codébiteurs, et il est de principe que la caution n'a pas et ne peut pas avoir plus de droits que le débiteur principal lui-même

(M. Démangeat, *De duob. reis.* p. 137. — *Contra,* Pothier, n° 412; Tropl., n° 270; Dall., n° 173; Massé et Vergé sur Zach., t. 5, p. 68, n° 4).

SECTION II.

Quelles cautions peuvent invoquer le bénéfice de discussion (Art. 2021).

En principe, toutes les cautions jouissent du bénéfice de discussion. L'art. 2021 pose cette règle de la manière la plus générale. « La caution, dit-il, n'est obligée envers le créancier à le payer qu'à défaut du débiteur, qui doit être préalablement discuté dans ses biens. » Mais cette règle générale souffre quelques exceptions : les cas où la caution ne peut opposer le bénéfice de discussion sont les suivants :

1° Il ne faut pas que la caution ait renoncé à ce bénéfice : cette exception est contenue expressément, dans l'art. 2021 : *A moins que la caution n'ait renoncé au bénéfice de discussion;* et cette exception rend bien peu nombreuses en fait les cas où la caution peut invoquer ce bénéfice. A l'imitation du droit de Justinien, notre ancienne jurisprudence permettait une pareille renonciation, et on en faisait un usage très-fréquent. Il y a plus : dans les actes notariés qui constatent un contrat de cautionnement, les notaires insèrent toujours la clause de renonciation au bénéfice de discussion, suppléant même souvent au silence des parties sur ce point. Et cette renonciation, depuis

bien longtemps, est devenue une clause de style
(M. Bugnet sur Poth., n° 408, not, 3).

Lorsque la caution renonce au bénéfice de discussion, cette clause n'est pas censée s'appliquer à son
certificateur; ce dernier n'a fait que certifier la solvabilité de la caution: il faut donc que le défaut de solvabilité soit constaté avant qu'on puisse le poursuivre.
Toutefois, ce point paraît avoir été fort controversé
dans l'ancien droit, où nous trouvons des arrêts dans
les deux sens.

La renonciation peut être non-seulement expresse,
mais tacite. Il y avait controverse, dans notre ancien
droit, sur le point de savoir s'il y avait renonciation
tacite, quand la caution déclarait s'obliger comme *débiteur principal. Constituit se debitorem principalem.*
Des arrêts du parlement de Paris, avaient jugé que la
renonciation devait être expresse, qu'il ne suffisait pas
que la caution se fût obligée comme débiteur principal; mais à ce que rapporte Basnage, dans son *Traité
des hypothèques,* la jurisprudence du parlement de
Normandie voyait là une renonciation suffisante, et
c'était là l'opinion de Pothier (*Oblig.,* n° 408). Aujourd'hui, cette décision est généralement admise ; en
effet, l'on ne saurait croire qu'une clause ait été insérée, pour n'avoir pas de sens, et comme l'exprime
l'art. 1157, C. N. : « Lorsqu'une clause est susceptible
» de deux sens, on doit plutôt l'entendre dans celui
» avec lequel elle peut avoir quelque effet, que dans
» le sens avec lequel elle n'en pourrait produire au-
» cun. » (Art 1157, C. N.)

2° La caution ne peut invoquer le bénéfice de discussion lorsqu'elle s'est obligée solidairement avec le débiteur. Cette exception est encore prévue par l'art. 2021, et l'on peut considérer cette clause de solidarité comme une renonciation tacite au bénéfice de discussion. Comme la précédente, cette clause de solidarité est aussi devenue de style dans les actes notariés, et même dans la plupart de ces actes on joint à cette clause de solidarité celle de renonciation au bénéfice de discussion, ce qui est complétement inutile, puisque le législateur lui-même nous dit dans l'art. 2021, que la clause de solidarité emporte renonciation au bénéfice de discussion (art. 2021, C. N.).

3° L'art. 2042 édicte une troisième exception : « La caution judiciaire ne peut pas non plus demander la discussion du débiteur principal. » Nos anciens auteurs le pensaient ainsi (Poth., *Oblig.*, n° 408). Si la caution judiciaire en est privée, c'est que tout ce qui tend à assurer l'exécution d'un jugement doit présenter le plus de force et de sécurité possible, et l'exécution ne doit pouvoir en être retardée.

L'art. 2043 tranche une question fort controversée dans l'ancien droit; on se demandait si le certificateur de la caution judiciaire pouvait invoquer le bénéfice de discussion. Louet pensait qu'il ne fallait pas le traiter mieux que la caution qu'il garantissait ; Brodeau admettait l'opinion contraire. L'art. 2023, décide : « Celui qui a simplement cautionné la caution judiciaire ne peut demander la discussion du débiteur principal et de la caution. »

4° Le commerçant qui s'est engagé comme caution, en matière commerciale ne peut pas non plus opposer le bénéfice de discussion : c'est que le commerce vit surtout de ponctualité et d'exactitude ; les commerçants ont besoin d'être payés à jour fixe, sous peine d'inconvénients très-graves, et la discussion entraîne des difficultés et des longueurs. Cette exception a été contestée par certains auteurs (Dall., n° 176 ; Pardessus, t. 2, p. 887), parce qu'elle n'est écrite nulle part d'une manière formelle, et qu'on doit appliquer les art. 2021, et 2022, toutes les fois que la loi n'y a pas expressément dérogé. L'opinion contraire était celle de tous les anciens auteurs (1), et rien n'indique que le Code ait voulu abroger cette ancienne jurisprudence fondée sur les nécessités du commerce ; et s'il ne l'a pas expressément reproduite, il ne faut pas oublier qu'en matière commerciale, les traditions et les usages sont de la plus haute importance et servent souvent à compléter les lois écrites. De plus, il faut remarquer que le cautionnement entre commerçants n'est presque jamais gratuit ; le principal motif qui a fait adopter le bénéfice de discussion manque donc dans notre espèce. — L'art. 142 C. comm. déclare que les donneurs d'aval ou cautions d'une lettre de change sont tenus solidairement, et par suite n'ont pas le bénéfice de discussion. Il ne faudrait pas conclure de là, *a contrario* qu'on

(1) « Varior, et menta mercatorum magis accommodata, usuque recepta est altera opinio contraria, sustinens obligationem principalem sine remedio excussionis fuisse vigore hujusmodi verborum contractam. » (Casagéris, *Disc.*, p. 68, n°ˢ 12 et 14).

a entendu accorder ce bénéfice à toutes les autres cautions commerciales. Il faut étendre, au contraire, cette disposition aux cautionnements autre que l'aval, car les raisons de refuser le bénéfice de discussion sont les mêmes, quelle que soit l'obligation cautionnée, pourvu que ce soit une obligation commerciale (Delam. et Lepoitev., t. 2, p. 561).

Il résulte des exceptions que nous venons de voir, ainsi que le remarque M. Ponsot (n° 187, *Tr. caut.*) que la caution judiciaire n'aura jamais le bénéfice de discussion; la conventionnelle le conservera rarement en fait, mais aucune disposition ne l'ayant enlevé à la caution légale, cette caution pourra l'invoquer.

SECTION III.

A quelle époque l'exception de discussion doit-elle être opposée ?

« Le créancier, nous dit Pothier (*Oblig.* n° 410) n'est obligé à discuter le principal débiteur avant le fidéjusseur, que lorsque le fidéjusseur le demande et oppose l'exception de discussion. » Ce bénéfice n'est, en effet, qu'une faveur et le fidéjusseur doit faire connaître s'il a l'intention d'en user; s'il néglige de l'invoquer, le juge ne pourrait pas l'ordonner d'office; s'il ne l'invoque pas, on peut supposer raisonnablement qu'il veut renoncer à ce bénéfice. Souvent même, il n'a aucun intérêt à s'en prévaloir. Ainsi, le débiteur a fourni au créancier une première hypothèque sur son immeuble; le créancier s'adresse à la caution; celle-ci a précisément à sa disposition la somme nécessaire pour payer la dette; elle peut se libérer sans emprunter, sans se gêner, et j'ajouterai sans risques, car, grâce à la subrogation légale aux droits du créancier, elle rentrera dans ses déboursés; elle aura ainsi l'avantage d'être libérée envers le créancier et même d'avoir fait un placement avantageux.

Supposons maintenant la caution poursuivie par le créancier. A quel moment devra-t-elle opposer l'exception? Il y avait, sur ce point, controverse entre les anciens auteurs. Selon Pothier, l'exception « devait » être opposée avant la contestation en cause. » Selon d'autres jurisconsultes, on pouvait l'opposer en tout état de cause; à leurs yeux, cette exception n'était pas purement dilatoire, mais, comme le disait un arrêt du parlement de Toulouse, du 2 juillet 1636, cité par Merlin, on devait le considérer, « comme un remède » et un bénéfice de droit, auquel il est permis de « recourir en tout temps et en chaque partie du pro- » cès. »

L'art. 2022 C. N. décide que la caution doit opposer l'exception de discussion, *sur les premières poursuites dirigées contre elle.* Que faut-il entendre par ces expressions? Suivant nous, ces expressions laissent au juge une certaine latitude d'appréciation; le bénéfice de discussion, dans la pensée du législateur, a eu pour but d'adoucir ce que la position de la caution peut avoir de rigoureux; mais, il ne doit pas devenir entre les mains de la caution un subterfuge; il ne faut pas

que la caution laisse le créancier s'engager trop avant
dans la procédure; tant qu'elle emploie des moyens
de défense qui n'impliqueront pas de sa part la pensée
de renoncer au bénéfice de discussion, elle pourra l'op·
poser. Quant à savoir dans quels cas, il y aura de
sa part renonciation, c'est une question de fait, abandonnée à l'appréciation des tribunaux. Si par exemple la caution commence par contester le cautionnement, une fois que sa qualité de caution aura été
connue, elle pourra très-bien forcer le créancier à
discuter le débiteur principal (1). Mais si elle a fait
porter le débat sur la quotité de la dette, il n'en sera
plus de même; le bénéfice de discussion serait détourné
de son but, si le quantum de la dette étant liquidé, et
le tribunal sur le point de prononcer une condamnation, la caution pouvait éluder la sentence, en renvoyant le créancier à la discussion du débiteur principal.
En résumé, nous voyons dans le bénéfice de discussion
un moyen de défense *sui generis;* ce n'est point une
exception dilatoire, dans le sens que le Code de procédure assigne à ces expressions. Le caractère d'une
exception dilatoire doit être connu et déterminé à
l'avance; autrement, on ne comprendrait pas que le
défendeur fût obligé de l'invoquer *in limine litis.*
Comment, en effet, lui reprocher son silence, lorsqu'il
a été dans l'impossibilité de savoir si le moyen de défense dont il avait à se servir était ou non une exception dilatoire? Or, à quel signe reconnaîtra-t-on au

_____

(1) Vid, cependant *Arr. Req.*, 27 janvier 1835.

bénéfice de discussion, au moment où la caution l'oppose, la qualité d'exception dilatoire? Cette qualité ne
peut point être connue *a priori;* car tout dépendra
du résultat de la discussion. Sans doute, lorsque la
discussion n'aura fait que constater l'insolvabilité du
débiteur principal, il sera, par cela même, reconnu
que les poursuites du créancier contre la caution n'ont
été que retardées. Mais si, au contraire, c'est la solvabilité complète du débiteur principal qui est le résultat de la discussion, il sera, par cela même reconnu
que le bénéfice invoqué par la caution aura été, entre
ses mains, un moyen de défense, quant au fond. Comment donc, en présence de cette dernière éventualité,
peut-on dire que la caution sera déchue du bénéfice
de discussion pour ne pas l'avoir opposée *in limine
litis ?*

Telle nous paraît avoir été la pensée du législateur.
Remontons aux travaux préparatoires : — Dans la
première rédaction de l'art. 2022, il n'était point parlé
du moment auquel le bénéfice de discussion devrait
être opposé. Ce fut la section de législation du Tribunal
qui fit ajouter les mots : « *sur les premières poursuites
» dirigées contre elle,* » et c'est avec cette addition que
le Corps législatif a voté cet article.

« Si, en effet, disait la section du tribunal, diffé-
» rentes poursuites ont eu lieu contre la caution, sans
» qu'elle ait requis la discussion des biens du débiteur,
» *elle est censée avoir renoncé à la faculté* que la loi
» lui donne. Le créancier ne doit pas être le jouet du
» caprice de la caution; il doit pouvoir achever la

» route dans laquelle le silence de la caution l'a laissé
» s'engager. » (Fenet, t. 15, p. 28.)

Donc, comme le remarque Merlin, il ne résulte pas
des termes de l'art. 2022 que le fidéjusseur ne peut
plus opposer la discussion lorsqu'il ne l'a pas proposée
d'entrée de cause ; — « on doit seulement en conclure
» qu'il ne peut plus en exciper lorsqu'il a élevé des
» contestations propres à faire supposer qu'il a renoncé
» à cette exception. » (Merlin, v° *Caut.* § 4, not. 1.)

Nous avons supposé jusqu'ici que le bénéfice de
discussion se présentait sous la forme d'une exception.
Mais une exception suppose une action : or, quand le
créancier est muni d'un titre exécutoire, il n'a pas besoin d'agir en justice contre la caution pour se faire
payer ; il ne peut donc pas être question d'exception.
Ainsi, le créancier poursuit la saisie des meubles et des
immeubles de la caution. A quelle période des poursuites dirigées contre elle a-t-elle perdu le droit d'invoquer le bénéfice de discussion ? Ce n'est évidemment
pas au moment où le commandement lui est fait ; car,
elle peut être absente ou empêchée. Je crois que l'on
peut appliquer par analogie l'art. 159 C. pr., qui indique jusqu'à quel moment le jugement par défaut
contre partie qui n'a pas constitué avoué pourra être
attaqué par la voie de l'opposition, et je pense que la
caution pourra invoquer son bénéfice jusqu'à ce qu'il
y ait eu un acte duquel résulte nécessairement pour
elle la connaissance de l'exécution.

Dans quelles formes le bénéfice de discussion doit-il
être invoqué ? Quand il y a demande en justice, il s'op-

pose par acte d'avoué à avoué, contenant les mentions prescrites par l'art. 2023. S'il y a exécution extrajudiciaire, on peut l'opposer sur les commandements, saisies ou autres actes, soit immédiatement, soit après coup, par exploit signifié au créancier ; mais toujours avec les mentions et les offres prescrites.

SECTION IV.

Conditions auxquelles est soumis l'exercice du bénéfice de discussion, et biens qui peuvent être indiqués (art. 2023).

Le bénéfice de discussion étant une faveur, « *une pure grâce*, » selon l'expression de Pothier, on a dû chercher à le rendre, pour le créancier, le moins onéreux possible. C'est pourquoi le législateur l'a soumis à certaines conditions qu'il nous faut étudier.

Ces conditions sont énumérées par l'art. 2023. Il faut :

1o Que la caution indique au créancier les biens à discuter ;

2° Que cette indication ne porte que sur des biens d'une discussion facile ;

3° Qu'elle fasse l'avance des frais nécessaires à la discussion.

Justinien exigeait de plus que le débiteur principal fût présent, sinon la caution pouvait être actionnée directement, à moins que dans un certain délai fixé par le juge, elle ne représentât à la discussion le débiteur principal. Cette condition tenait à la difficulté qu'il y

avait, en droit romain, à discuter un absent; elle avait
pour but de ne pas retarder trop longtemps l'action du
créancier. Cette exception n'existe plus parmi nous;
car, ainsi que le remarque Pothier, « les assignations
» et significations à domicile qui, selon notre procé-
» dure, ont le même effet que si elles étaient faites à
» la personne même, rendent la discussion du débiteur
» principal aussi facile que s'il était présent (Poth.,
Oblig. n° 409). Enfin, comme le fait très-bien remarquer M. Bugnet, si la déclaration d'absence est déjà
prononcée, l'action peut être dirigée contre les envoyés
en possession des biens de l'absent, en qualité de détenteurs des biens, et rien n'empêche cette discussion
préalable (M. Bugnet sur Poth., n° 409. not. 1).

Reprenons successivement les trois conditions énumérées par l'art. 2023.

1re Condition : *La caution qui requiert la discussion
doit indiquer au créancier les biens du débiteur principal;*
d'où la conséquence que si le débiteur principal n'avait
pas de biens, le bénéfice de discussion deviendrait complétement illusoire, puisque la caution ne pourrait pas en
indiquer. Cette exigence de la loi s'explique très-bien;
la caution ne doit pas abuser de la faveur qui lui est
faite pour chercher à gagner du temps et arrêter mal
à propos les poursuites du créancier, en le renvoyant
à une discussion certainement inutile; or elle ne prouve
l'utilité de la discussion qu'en indiquant des biens du
débiteur suffisants pour acquitter la dette.

Au temps de Pothier, le créancier commençait par
saisir et exécuter les meubles qui étaient *en la maison*

du débiteur principal. S'il n'y en avait pas, l'huissier le constatait par un procès-verbal de carence. Cette discussion mobilière devait être faite par le créancier ; la caution n'avait pas besoin d'en faire une indication spéciale. Quant aux autres biens meubles ou immeubles que pouvait avoir le débiteur, comme le créancier peut ne pas les connaître, si la caution veut qu'ils soient discutés, il faut qu'elle les lui indique. Aujourd'hui, l'art. 2023 ne distinguant pas, l'indication est exigée même pour les meubles qui se trouvent dans la maison du débiteur.

Toutefois, ainsi que l'enseignait déjà Pothier (n° 412), l'indication des biens doit se faire *en une fois*, et on ne serait pas recevable, après la discussion de ceux que l'on a indiqués, à en indiquer d'autres, à moins qu'ils ne fussent depuis échus au débiteur (M. Bugnet sur Poth., n°s 410 et 411).

Du reste, ces biens peuvent-être meubles ou immeubles, hypothéqués ou non à la dette, l'art. 2023 est général ; peu importe aussi que les biens indiqués soient ou non suffisants pour désintéresser le créancier ; s'il n'est point intégralement payé, il a son recours contre la caution.

2e Condition : *La discussion ne doit pas être trop difficile :* de là, les biens indiqués par la caution doivent réunir certaines qualités :

1° *Elle ne doit pas indiquer des biens du débiteur principal situés hors de l'arrondissement de la Cour impériale du lieu où le payement doit-être fait* (art. 2023). Le Code est plus rigoureux sur ce point que l'ancien droit, puisque à cette époque, le créancier pouvait être forcé à discuter tous les biens du débiteur qui étaient dans le territoire du royaume. Il est vrai que M. de Lamoignon voulait que la discussion portât seulement sur les biens situés dans le ressort du parlement, et c'est de cette opinion que le Code s'est rapproché (Poth., n° 412 ; Fenet, t. 15, p. 16).

2° *Les biens indiqués ne doivent pas être litigieux.* C'est encore, nous dit Pothier, une conséquence de l'idée que la discussion ne doit-être ni trop longue, ni trop difficile. On ne pouvait, en effet, contraindre le créancier à subir les ennuis et les retards des procédures de toutes sortes, et à recevoir des procès en payement : *ne alioquin pro pecunia litem accipere cogatur*, disait avec raison le président Favre. Pour savoir quels biens sont litigieux, il ne faudra pas se reporter à l'art. 1700, fait pour un cas spécial. Il n'est pas besoin qu'il y ait « procès et contestation sur le fond du droit. » Il suffira que le créancier ait à craindre pour ses poursuites la concurrence ou la contestation d'autres personnes. Ainsi, on pourra regarder comme litigieux les biens grevés d'hypothèques nombreuses, d'un droit de résolution. Il a été même jugé que les biens sont réputés litigieux quand ils proviennent au débiteur de successions indivises de ses père et mère (Toulouse, 9 mars 1819).

3° Enfin, *la caution ne pourrait indiquer les biens hypothéqués à la dette qui ne sont plus en la possession du débiteur.* Cette troisième condition est fort importante ; il nous faut remarquer que ce n'est pas là une faveur accordée aux tiers détenteurs ; on a voulu seulement protéger le créancier d'une façon plus énergique.

C'est ce qui ressort d'une manière évidente des travaux préparatoires. Au tribunat, cette dernière condition fut vivement critiquée par le tribun Goupil-Préfeln. Il fit remarquer que la caution avait, en s'engageant, pu connaître l'hypothèque ; que sans cette hypothèque, elle n'aurait peut-être pas consenti l'obligation à laquelle elle s'est soumise, et qu'on ne saurait la priver du bénéfice de discussion, par une vente qu'elle n'a pu prévenir, en un mot, « par un acte qui est le fait d'autrui. »

Chabot lui répondit que la caution ne doit pas avoir le droit de faire discuter le tiers détenteur, parce que le créancier serait exposé à *une discussion longue et difficile.* « N'aurait-il pas, disait Chabot, des contestations » sans nombre à soutenir, et avec les nouveaux déten- » teurs de ces biens, et avec les créanciers ? Des de- » mandes en désistement, des instances d'ordres, ne » sont-ce pas là des procès ? Et pourquoi forcera-t-on » le créancier à subir toutes ces longueurs et tous ces » désagréments pour les intérêts de la caution (Fenet, » t. XV, p. 66 et 69) ? » La saisie des biens hypothéqués et possédés par un tiers acquéreur est, en effet, plus longue, plus coûteuse et plus difficile que la saisie des mêmes biens restés en la possession du débiteur.

Cette condition est donc, ainsi que nous le disions, une protection nouvelle accordée aux créanciers, et non une faveur pour les tiers détenteurs. Aussi, repoussons-nous la raison que Pothier nous en donne au n° 412 de son *Traité des obligations.* Nous aurons, du reste, l'occasion de revenir un peu plus tard sur cette question (*vid.* M. Bugnet sur Poth., 412, not. 3).

3 *condition. La caution doit faire l'avance des frais nécessaires à la discussion.* — Cette règle existait déjà dans l'ancien droit; Pothier nous enseigne que la discussion doit se faire aux risques et périls de la caution. Toutefois, l'avance des frais n'était ordonnée que pour la discussion des immeubles. L'art. 2023 ne distingue pas, et sous le régime du Code Napoléon, qu'il s'agisse de meubles ou d'immeubles, la caution doit faire l'avance.

Cette disposition a été vivement critiquée par quelques auteurs, et au tribunat par M. Goupil-Préfeln. Nous ne pouvons, pour notre part, nous associer à ces critiques; la discussion du débiteur est toute dans l'intérêt de la caution : elle lui procure sinon une libération, du moins un délai; d'autre part, elle ne profite pas au créancier dont elle retarde le payement; il est donc juste que la caution fasse l'avance des frais.

M. Goupil-Préfeln faisait remarquer, en outre, qu'il pourrait surgir des difficultés pour fixer le montant des avances à faire et déterminer entre les mains de qui ces avances seraient déposées. Chabot répondit que ces points seraient réglés par le Code de procédure civile (Fenet, t. XV, p. 70). Malgré la promesse de Chabot, le Code de procédure a passé sous silence ce qui avait trait au bénéfice de discussion. Mais cette omission n'a pas d'importance; car, si les parties ne s'en-

tendent point, les tribunaux fixeront le chiffre des
avances, et ils ordonneront, suivant les circonstances,
le versement des deniers, soit entre les mains du créancier, sur récépissé, soit à la caisse des dépôts et consi-
gnations ; du reste, l'exercice du bénéfice de discussion est si peu fréquent, qu'il n'était pas indispensable
d'en organiser la procédure.

SECTION V.

Effets du bénéfice de discussion.

Lorsque la caution a invoqué le bénéfice de discussion, le créancier doit diriger ses poursuites contre le
débiteur principal. Si la discussion a fourni une somme
suffisante pour désintéresser le créancier, la caution se
trouve libérée, en même temps que le débiteur. Si elle
n'a procuré au créancier qu'un payement partiel, la
caution reste tenue pour le surplus ; si elle n'a rien produit, la caution peut être poursuivie pour le tout. Mais,
lorsque le créancier reviendra contre la caution, il devra être armé des pièces de la procédure, et présenter
les procès-verbaux d'adjudication et de vente, les procès-verbaux de carence, etc , en un mot, il devra apporter la preuve de l'insolvabilité partielle ou totale
du débiteur, et comme le disait un ancien auteur : *Debet excludere possibilitatem existentiæ aliorum bono-
rum.*

Lorsque la discussion n'a produit qu'une partie de

la somme due, il peut s'élever plusieurs questions d'imputation qu'il importe d'examiner.

1° Une caution a cautionné une dette portant intérêts; mais, elle n'a promis que le payement du capital. Le produit de la discussion des biens du débiteur devra-t-il s'imputer d'abord sur le capital, pour servir à la décharge de la caution, ou, au contraire, s'imputer, en premier lieu, sur les intérêts et ensuite sur le capital? Cette dernière solution nous paraît la plus raisonnable; nous la trouvons appliquée dans le droit romain, par la loi 68 (§ 5, *De Fidejuss. et mand.* D.). Il est vrai que Cujas et Basnage pensent que cette loi 68 est une décision de circonstance, déterminée par la faveur du fisc. Nous croyons pourtant qu'elle ne fait que reproduire le droit commun, et non une faveur spéciale au fisc. Cette décision n'est que l'application de cette règle générale qui veut que le payement s'impute d'abord sur les intérêts. *Si quis debitor solverit, prius in usuras cedit,* dit Godefroy sous cette même loi 68. Ainsi décide l'art. 1254. C. N. et nous ne voyons pas de raison pour renverser ici les règles du droit commun, dans l'intérêt de la caution.

2° Autre question d'imputation. Supposons une dette de 10,000 fr. cautionnée seulement jusqu'à concurrence de 5,000 fr. La discussion du débiteur produit une somme de 5,000 fr. La caution sera-t-elle libérée, ou bien le créancier pourra-t-il lui demander les 5,000 fr. qui restent encore dus?

Nous résoudrons, sans hésiter, la question contre la caution; il est évident que le créancier qui a

accepté un cautionnement partiel, a entendu que la
caution répondrait jusqu'à concurrence de 5,000 fr.
de la partie de la dette qui ne serait pas payée. Un ancien arrêt du parlement de Paris du 3 août 1709 avait
pourtant jugé le contraire, sous prétexte que le payement doit s'imputer sur la dette la plus onéreuse, et
que l'obligation contractée sous un cautionnement est
plus onéreuse que celle qui est contractée purement et
simplement. Mais cette règle générale est ici détournée
de son sens véritable. Il n'y a pas deux dettes dans
notre espèce, et prononcer la libération de la caution
dans de pareilles circonstances, c'est manifestement
méconnaître et violer l'intention des parties (*vid.*
M. Ponsot, n° 345.)

Voici une dernière question prévue par Pothier,
(n° 414, *Oblig.*). Le créancier à qui le fidéjusseur a opposé
l'exception de discussion, n'a point jugé à propos de
la faire aussitôt, et a laissé plusieurs années, pendant
lesquelles le débiteur est devenu insolvable; pourra-
t-il, en le discutant depuis qu'il est devenu insolvable,
revenir contre le fidéjusseur? Cette question était alors
très-conversée; dans un sens, on pouvait citer l'autorité de Pothier, dans l'autre l'art. 192 de la coutume
de Bretagne. Le législateur a tranché la controverse
dans le sens de la coutume de Bretagne et contraire-
ment à l'opinion de Pothier. L'art. 2024 décide en
effet :

« Toutes les fois que la caution a fait l'indication de
» biens autorisée par l'art. 2023, et qu'elle a fourni
» les deniers suffisants pour la discussion, le créan-

» cier est, jusqu'à concurrence de biens indiqués,
» responsable, à l'égard de la caution, de l'insolva-
» bilité du débiteur principal survenue par le défaut
» de poursuite. »

Cette décision nous paraît parfaitement équitable,
et pour me servir des expressions de M. Bugnet (sur
Poth., n° 414), « il y aurait iniquité manifeste à rendre
la caution victime de l'inertie du créancier. »—Elle fut
pourtant attaquée au conseil d'Etat, surtout à cause de
l'autorité contraire de Pothier ; mais, l'art. 2024 fut
voté, grâce aux observations de Tronchet. « La caution,
» disait-il, doit payer pour le débiteur ; telle est la rè-
» gle générale. Le bénéfice de discussion lui donne
» seulement la faculté de prouver que le débiteur peut
» payer. La condition de cette faculté est d'indiquer
» les biens et d'avancer les frais de dicussion ; alors,
» le créancier ne peut se dispenser de prendre sur lui
» les poursuites. Néanmoins la caution n'est pas déchar-
» gée ; si les biens du débiteur ne suffisent pas à l'ac-
» quittement de la dette, elle est forcée de compléter le
» payement. Ainsi, le bénéfice de discussion ne fait que
» suspendre l'action du créancier contre la caution.—
» Cependant lorsqu'il a reçu l'avance des frais, le créan-
» cier devient son mandataire ; de là résulte, non
» qu'elle soit affranchie de plein droit, mais que, si son
» mandataire néglige de remplir son mandat, il doit
» répondre des suites de son inexactitude, et alors la
» caution se trouve dégagée envers lui, comme créan-
» cier jusqu'à concurrence de ce qu'il a pu recouvrer
» de la dette. » (Fenet, t. XV, p. 21.)

Nous croyons, du reste, qu'il faut, pour l'application de l'article 2024, que ce soit la négligence du créancier à poursuivre qui ait amené le non payement de la dette. On doit laisser aux tribunaux le soin d'apprécier, d'après les circonstances, si le défaut de payement par suite de l'insolvabilité du débiteur peut être considéré comme résultant d'une négligence du créancier à poursuivre. Bien plus, nous pensons même que si le créancier n'avait pas commencé de poursuites, il faudrait voir si l'insolvabilité du débiteur n'était pas antérieure, de sorte que les poursuites du créancier eussent été complétement inutiles.

CHAPITRE II.

DU BÉNÉFICE DE DIVISION.

Un second bénéfice a été accordé aux cautions par le Code Napoléon ; c'est le bénéfice de division. Lorsque plusieurs cautions se présentent simultanément pour cautionner le débiteur, elles sont obligées, nous dit l'art. 2025, *chacune à toute la dette.* On se rappelle les expressions des *Institutes : Si plures sint fidejussores quotquot erunt numero, singuli in solidum tenentur.* (Inst., § 4, *De fidejuss.*).

Mais, de même qu'en droit romain, le Code se hâte d'apporter un tempérament à la position rigoureuse des cautions et leur accorde le bénéfice de division.—C'est le droit qu'a la caution d'exiger que le créancier divise préalablement son action et la réduise à la part et portion de chaque caution (art. 2026.)

Les cautions sont donc bien moins bien traitées que les débiteurs conjoints ; ceux-ci, en effet, ne sont censés s'obliger chacun que pour leur part ; entre eux la dette se divise de plein droit, qu'ils soient solvables ou non. Aussi, cette différence entre la position des cautions et celle des débiteurs conjoints, fut-elle vivement attaquée au tribunat. Au lieu du bénéfice de division, certains membres proposaient d'établir la division *ipso jure* et voulaient qu'on assimilât les cautions aux codébiteurs conjoints. On proposait de substituer aux art. 2025 et 2026 la disposition suivante :

« Lorsque plusieurs personnes se sont rendues cau-
» tions du même débiteur pour la même dette, si elles
» ne se sont pas solidairement obligées, chacune d'elles
» n'est tenue que de sa part et portion de la dette,
» sans être garante de l'insolvabilité ni de l'incapacité
» des autres. » (Fenet, t. XV, p. 29.)

Mais, on répondit qu'on ne saurait comparer les cofidéjusseurs aux coobligés. Lorsque ceux-ci s'engagent
par la même obligation et que la solidarité n'est pas
expressément stipulée, il y a au moins doute, s'ils ont
entendu s'obliger chacun pour le tout. Le doute doit
être interprété en leur faveur. Mais, comme il est de
la nature du cautionnement que chaque fidéjusseur
s'oblige pour toute la dette, il résulte de là que chacun
d'eux a consenti que le créancier, si le débiteur ne satis-
fait pas à son obligation, s'adressât à l'un ou à l'autre,
à sa volonté, pour y satisfaire, de même que s'il n'y
avait qu'un seul fidéjusseur (Fenet, t. XV, p. 29).

C'était déjà la raison donnée par Pothier (*Oblig.*
n° 415). Ne pourrait-on pas dire, en outre, que la situation rigoureuse de la caution résulte de l'intention pré-
sumée des parties. Il est évident que si un créancier
vigilant a exigé pour la garantie de sa créance plusieurs
cofidéjusseurs, c'est qu'il a pensé qu'il serait payé plus
sûrement et plus facilement, et il serait tout au moins
singulier de le récompenser de la prudence qu'il a
montrée, en le forçant à diviser ses poursuites, et
à supporter l'insolvabilité ou l'incapacité de l'une ou
l'autre des cautions.

Quoi qu'il en soit, la question fut mise aux voix : il

y eut partage, et ce partage fit triompher les anciennes
traditions. Toute la matière du bénéfice de division
est fortement imprégnée des idées du droit romain, et
nous serons obligé à chaque instant de remonter aux
lois romaines pour y puiser les solutions qui nous
manquent.

Nous examinerons successivement les quatre points
suivants :

1° Qui peut opposer le bénéfice de division ?

2° Entre qui la division doit-elle avoir lieu ?

3° Quand l'exception de division doit-elle être invo-
quée ?

4° Effets de la division.

SECTION Iʳᵉ.

Qui peut opposer le bénéfice de division ?

Lorsque plusieurs personnes se sont rendues cautions
du même débiteur pour la même dette, elles ont, nous
dit le Code Napoléon, le bénéfice de division. Ce bénéfice n'est point d'ordre public ; *c'est une pure grâce*,
comme il est dit souvent dans les travaux préparatoires ; la loi permet donc aux cautions d'y renoncer.
Il en était ainsi dans l'ancien droit, et cette possibilité
de renonciation amoindrit beaucoup l'importance de
ce bénéfice et rend très-rares, en fait, les hypothèses
dans lesquelles il peut s'exercer.

La renonciation peut être expresse ou tacite. On peut

7

renoncer expressément à ce bénéfice, soit par l'acte même du cautionnement, soit par un acte postérieur. Du reste, les créanciers oublient rarement de demander la renonciation au bénéfice de division, et ces clauses sont même devenues de style dans les actes notariés.

Quant à la renonciation tacite, elle résulte de certaines circonstances de fait; ainsi, lorsqu'il est porté par le cautionnement que les cautions se sont obligées *solidairement et comme débiteurs principaux*, cette clause est censée renfermer une renonciation à l'exception de division. C'était un point controversé dans l'ancien droit (Poth., n° 417). Mais, le doute est impossible dans notre législation actuelle. En effet, la solidarité est exclusive de ce bénéfice, que les cautions se soient obligées solidairement, soit avec le débiteur, soit entre elles. Cela résulte de la combinaison des art. 2021 et 3120. Selon 2021, en effet, l'obligation de la caution obligée solidairement se régit par les principes qui régissent les obligations solidaires; et suivant 1203, le créancier d'une obligation peut s'adresser à celui des débiteurs qu'il veut choisir, sans que celui-ci puisse lui opposer le bénéfice de division (Duranton, t. 18, n° 343).

Toutefois, il nous faut remarquer que si les cautions se sont engagées solidairement non-seulement entre elles, mais avec le débiteur principal, elles ont renoncé tout à la fois au bénéfice de division et à celui de discussion. Au contraire, si elles se sont obligées solidairement entre elles, elles ont bien renoncé au bénéfice de division, mais non pas à celui de discussion.

Ces deux bénéfices diffèrent soit par la cause, soit par les effets; cela est si vrai que l'art. 2042 nous a montré que la caution judiciaire était privée du bénéfice de discussion; mais faut-il en conclure qu'elle est aussi privée du bénéfice de division? C'était l'avis de Basnage et celui de Pothier (*Oblig.*, n° 419). Mais, comme nous ne voyons nulle part que le législateur ait eu l'intention de refuser ce bénéfice à la caution judiciaire, nous laisserons sur ce point subsister le droit commun.

Pothier et la loi romaine refusaient le bénéfice de division aux cautions qui avaient commencé par dénier de mauvaise foi leur cautionnement : « *Inficiantibus auxilium divisionis non est indulgendum* (L. 10, § 1, *De fidejuss.*). Le Code n'a pas reproduit cette disposition. Enfin, nous pensons aussi, et c'est l'avis de M. Bugnet, qu'une caution peut très-bien opposer l'exception de division, lors même « que son cofidéjusseur est demeurant hors du royaume.» Pothier décidait autrement, mais cette exception ne se trouve pas dans le Code, et nous ne pouvons suppléer à son silence (Poth., n° 425).

SECTION II.

Entre qui la division doit-elle avoir lieu ?

Les personnes entre lesquelles la caution demande que la dette se divise doivent être des cofidéjusseurs solvables d'un même débiteur et d'une même dette (art. 2025 et 2026) : de cette formule découlent deux règles qui dominent toute la matière; la première, c'est que, la division ne peut avoir lieu qu'entre les cofidéjusseurs d'un même débiteur et d'une même dette; la seconde, c'est qu'elle n'a lieu qu'entre fidéjusseurs solvables.

1ʳᵉ *Règle.* Il faut que les fidéjusseurs soient inter-venus pour le même débiteur et pour la même dette. Nous avons étudié déjà, en droit romain, les conséquences de cette première règle; ainsi, nous avons vu que le certificateur de caution ne peut pas exiger la division entre lui et le fidéjusseur qu'il a cau-tionné, parce que ce dernier *loco rei est,* est au lieu et place du débiteur principal, et comme tel doit garantie à son certificateur (L. 27, § 4, *De fidejuss.,* D. 46-1). Mais, ainsi que le remarque Pothier, le certificateur peut opposer les mêmes exceptions qu'aurait pu opposer la caution qu'il a certifiée, et par conséquent, il peut demander la division de la dette entre lui et les cofi-déjusseurs de celui qu'il a certifié (Poth., n° 417).

D'autre part, nous avons vu que si deux débiteurs solidaires ont donné chacun séparément une caution, la caution de l'un n'est pas fondée à demander la division entre elle et la caution de l'autre; car, nous dit Papi-nien, quoiqu'ils soient fidéjusseurs d'une même dette, n'étant pas fidéjusseurs d'un même débiteur, ils ne sont pas proprement cofidéjusseurs (L. 43, *De fidej.;* Poth., n° 419; Ponsot, n° 213).

M. Troplong (n° 306, *Cautionnement)* se refuse à admettre cette solution, et pense que la décision de Papinien, qui pouvait s'expliquer par le rigorisme du droit romain, n'a plus sa raison d'être aujourd'hui. Il s'appuie sur cette idée, que la personne qui se rend caution de l'un d'entre plusieurs débiteurs solidaires est aussi, en quelque façon, caution des autres. Nous avons déjà, à propos du bénéfice de discussion, essayé de réfuter cette doctrine; nous n'y reviendrons pas de nouveau.

2ᵉ *Règle.* La division ne peut avoir lieu qu'entre les fidéjusseurs solvables. C'est la règle romaine que nous trouvons aux Instituts. « Compellitur creditor a singulis *qui modo solvendo sunt*, partes petere. » (*Inst. De fidej.*, § 4.) En effet, nous dit M. Treilhard, si plusieurs cautions sont en état de payer, pourquoi le créancier ne demanderait-il pas sa part à chacun ? Il a voulu assurer son payement, il ne court aucun risque quand plusieurs des cautions sont solvables; la division de l'action ne porte, dans ce cas, aucun préjudice, et on a pu l'admettre sans blesser l'objet du cautionnement (Fenet, t. 15, p. 42). La règle des Instituts est consacrée dans notre Code par l'art. 2026.

La caution sera censée solvable, quoique ne l'étant pas par elle-même, si elle a un certificateur solvable : « Vires sequentis fidejussoris ei aggregandæ sunt. » (L. 27, § 2, *De fidej.*) Il suffira, du reste, pour que la caution soit solvable, qu'elle présente des garanties suffisantes pour le payement de sa portion dans la dette.

. La division n'a lieu qu'entre les cautions solvables; mais à quel moment précis cette solvabilité doit-elle être appréciée ? En droit romain, c'était à l'époque de la *litis contestatio;* dans notre droit actuel, selon l'art. 2026, c'est le moment où la division a été prononcée. De là, certains auteurs décident que c'est au moment où la division de la dette a été prononcée que la caution a dû être solvable. D'après eux, ce jugement n'est pas déclaratif de droit; mais c'est le jugement lui-même qui produit une position nouvelle, la division. Cependant on décide généralement qu'il ne faut pas s'en tenir rigoureusement à la lettre de l'art. 2026; la solvabilité ne doit pas se compter du jour du jugement qui prononce la division, mais du jour de la demande; car tout jugement rétroagit au jour de la demande; la caution doit avoir, par le jugement, tout l'avantage qu'elle aurait eu lors de sa demande, s'il n'y avait pas eu de procès. Le système contraire serait une dérogation inexplicable au droit commun.

Mais, à qui incombe la charge de la preuve de l'insolvabilité des cautions? Est-ce à la caution qui oppose la division? est-ce au créancier? La preuve que quelques-unes des cautions sont insolvables doit être faite par le créancier, car la loi ne met à l'exercice du bénéfice de division aucune condition. Dès que la caution offre sa part dans la dette, elle peut demander qu'avant faire droit aux conclusions du créancier pour le surplus, celui-ci discute les cautions dont la solvabilité est douteuse. Elle n'est pas même obligée de faire l'avance des frais destinés à poursuivre ses cofidéjusseurs. Nulle disposition dans la loi n'a reproduit les exigences de l'art. 2023. Seulement, dans cette hypothèse si les biens des cautions discutées ne produisent pas une somme suffisante pour désintéresser le créancier, celui-ci reviendra contribu-

toirement contre les cautions solvables, et les recher-
chera pour se faire payer de sa dette, et rembourser
les frais occasionnés par la discussion (art. 2026).

Mais l'incapacité d'une des cautions doit-elle être
assimilée à son insolvabilité? Nous avons déjà vu cette
difficulté à propos de la loi 48 au D. *De fidejuss.* Nous
pensons que, dans tous les cas, incapacité vaut insolva·
bilité; c'est l'opinion générale. Le doute venait de la
loi 48 D.; selon Cujas, Papinien aurait distingué, dans
cette loi, selon que l'incapable était une femme ou un
mineur. Nous avons déjà essayé de prouver que la
distinction qu'on attribuait à Papinien était le résultat
d'une fausse interprétation de Cujas, et que la loi 48
décide, conformément à la nature des choses, que
l'incapacité doit toujours être assimilée à l'insolvabilité.

Il y a plus, nous dit Pothier, « si, avant que mon
» cofidéjusseur mineur se fût pourvu contre son cau·
» tionnement, j'étais poursuivi par le créancier, et
» que je lui opposasse l'exception de division, je
» pense qu'il serait équitable qu'il ne pût être obligé
» de diviser son action entre son cofidéjusseur mineur
» et moi, que sous la réserve de revenir contre moi,
» dans le cas auquel ce mineur se ferait resti-
» tuer contre son cautionnement. » (Poth., n° 424, *in*
» *fine.*)

Enfin, lorsque les cautions se sont obligées sous des
modalités différentes, le créancier peut être forcé à
diviser ses poursuites, nous dit la loi 27 (D. *De fidejuss.*);
mais les effets de la division ne sont que provisoires,
et si la condition ne se réalise pas, ou si lors, de la

réalisation de la condition, la caution est devenue insolvable, le créancier aura recours contre celle qui, ayant obtenu la division, a été admise à ne payer provisoirement que sa part.

Outre les conditions que nous venons d'énumérer, quelques auteurs ont pensé qu'il fallait encore que les cautions se fussent obligées par le même acte pour pouvoir invoquer le bénéfice de division (Duranton, n° 346). Cette opinion est restée isolée, et c'est avec raison ; car elle est contraire aux textes des art. 2025 et 2026 qui ne distinguent point, et à l'esprit de la loi sur le bénéfice de division. Du reste, cela ne cause aucun préjudice au créancier, puisque la division ne se fait qu'entre les cautions solvables, et qu'il devait exiger d'elles la renonciation à ce bénéfice. — Nous admettons aussi que la caution intervenue en second lieu pourra demander la division, quand même le deuxième acte de cautionnement ne rappellerait pas le premier.

SECTION III.

A quel moment l'exception de division doit-elle être invoquée ?

La caution doit invoquer le bénéfice de division, et le juge ne peut pas le suppléer d'office ; entre les fidéjusseurs, la division n'a pas lieu de plein droit (L. 26, *De fidej.*, D. 46-1).

Mais à quel moment la caution devra-t-elle demander

la division? Le législateur, lorsqu'il s'est occupé du bénéfice de discussion, a pris soin de nous dire qu'il devait
être opposé sur les premières poursuites. Mais notre
Code est muet à propos du bénéfice de division ; nous
pensons qu'on a voulu suivre l'opinion de Pothier et
de la plupart de nos anciens auteurs, opinion d'après
laquelle l'exception de division pouvait être opposée
en tout état de cause. Pothier s'appuyoit, il est vrai, sur
la loi 10 (§ 1, C. *De fidejuss.*) mal interprétée, comme
l'a démontré la découverte de Gaius; mais les rédacteurs de notre Code ont dû partager l'erreur de Pothier,
et rien n'indique qu'ils aient voulu abandonner sa doctrine.

L'exception de division est un moyen de défense au
fond, puisqu'elle tend à exclure entièrement l'action
du créancier contre celui qui l'oppose pour les parts de
ses cofidéjusseurs. La caution pourra donc l'opposer en
tout état de cause, c'est-à-dire tant qu'il n'a pas été
rendu contre elle un jugement en dernier ressort, ou
passé en force de chose jugée, la condamnant à payer
le tout. Il pourra être invoqué même en cause d'appel
(Poth., n° 425, *Oblig.*). Du reste, quoique les cautions
puissent s'en prévaloir en tout état de cause, elles ont
intérêt à le faire le plus tôt possible ; car, tant qu'elles
ne l'ont pas opposé, les insolvabilités des autres cautions restent à leur charge, tandis qu'une fois la division
demandée, l'insolvabilité de leurs coobligés est à la
charge du créancier; leur intérêt est garant que cette
exception ne sera pas trop retardée. Enfin, comme le
dit fort bien M. Bugnet, on comprend que la caution

poursuivie pour le tout, et qui, *sans raison*, différerait de proposer l'exception de division, devrait être considérée comme ayant renoncé à ce bénéfice (M. Bugnet sur Poth., n° 425; not. 2).

Au lieu de poursuites judiciaires, supposons maintenant des poursuites extrajudiciaires. Ainsi le créancier a un titre exécutoire et n'a pas besoin de s'adresser à la justice ; il dirige directement des poursuites contre la caution ; nous pensons que la caution peut se prévaloir du bénéfice de division même après la vente des biens saisis, tant qu'elle n'a pas payé. M. Duranton (n° 348, t. 18) raisonnant par analogie du bénéfice de discussion, pense, au contraire, qu'après la vente des biens de la caution, celle-ci ne peut plus invoquer le bénéfice de division ; car, dit-il, ce serait jeter le créancier dans des longueurs maintenant sans objet pour la caution elle-même.

Pareille division peut cependant être fort utile à la caution. Elle y gagnera de n'être pas forcée de recourir ensuite contre ses cofidéjusseurs, et de se mettre à l'abri des insolvabilités qui pourraient survenir. Peut-être n'aurait-elle pu d'ailleurs payer autrement sa propre part, et empêcher les actes d'exécution. De plus, le créancier ne saurait se plaindre de la longueur des poursuites ; car, lors même que l'exception de division eût été opposée tout d'abord, il se serait toujours trouvé dans la nécessité de faire des poursuites, et qu'il s'agisse pour lui d'obtenir une partie de la dette ou la totalité, ces poursuites auraient toujours été aussi longues.

Enfin, il faut remarquer que le bénéfice de la caution

est purement passif ; elle ne peut pas offrir au créancier de payer divisément sa part dans la dette cautionnée. Le tribun Chabot s'exprimait ainsi dans son rapport : « La division ne peut être demandée qu'après que l'action a été formée par le créancier. » (Fenet, t. 15, p. 55.) Il serait onéreux pour le créancier de le forcer à recevoir un payement partiel, quand peut-être il obtiendrait le tout du débiteur principal, ou d'une caution qui ne pourrait opposer ce bénéfice. La caution peut d'ailleurs, si la dette est exigible, agir contre le principal obligé pour le contraindre soit à payer lui-même, soit à lui apporter la décharge de son cautionnement.

SECTION IV.

Effets du bénéfice de division.

« L'effet de l'exception de division, nous dit Pothier, est de faire prononcer par le juge la division de la dette entre les fidéjusseurs qui sont solvables, et de restreindre par ce moyen à la part seulement du fidéjusseur qui a opposé la division la demande qui a été donnée contre lui. » (Poth., n° 426.)

Examinons maintenant quels sont les effets de la division quand il y a des cofidéjusseurs insolvables ; ces insolvabilités tombent-elles à la charge des autres fidéjusseurs ou du créancier ? Il faut distinguer, à cet égard, si les insolvabilités sont antérieures ou postérieures à la division demandée.

Les insolvabilités postérieures à la division demandée

sont toujours à la charge du créancier. C'est là un effet capital du bénéfice de division, Il en était déjà de même dans la législation romaine (L. 51, § 4 ; L. 52, §1, *De fidej.* D.). C'est aussi ce que nous dit l'art. 2026, *in fine* : « La caution ne peut plus être recherchée à raison des insolvabilités survenues depuis la division. »

Quant aux insolvabilités antérieures à la division, il faut distinguer et voir si le créancier est forcé par les fidéjusseurs de diviser son action entre eux, ou si, au contraire, il fait volontairement cette division.

Lorsque le créancier est obligé de diviser son action parce que le fidéjusseur poursuivi pour le tout lui oppose le bénéfice de division, les insolvabilités antérieures à la demande sont à la charge des autres cautions, car la division n'est obligatoire qu'entre les cautions solvables. On calcule la part de chacune, comme si celles qui sont insolvables ne s'étaient pas obligées ; ainsi décide l'art. 2026 : « Lorsque, dans le temps où une des » cautions a fait prononcer la division, il y en avait » d'insolvables, cette caution est tenue proportionelle- » ment de ces insolvabilités. » Ainsi décidaient les Institutes : *Ideoque, si quis ex fidejussoribus eo tempore solvendo non sit hoc cæteros onerat* (*Inst.*, § 4, *De fidejuss.*). Cette solution est parfaitement équitable, car il ne faut pas que le bénéfice de division introduit dans un but d'équité porte atteinte aux intérêts du créancier.

Mais si le créancier a divisé volontairement son action, c'est lui qui supporte toutes les insolvabilités des cautions, soit antérieures, soit postérieures à la division (art. 2027). C'était déjà la solution romaine ;

mais, en droit romain, c'était une conséquence nécessaire de la procédure, conséquence qui ne peut guère
s'expliquer rationnellement. A Rome, en effet, le créancier pouvait s'adresser à l'un ou à l'autre des cofidéjusseurs, et lui demander la totalité; mais les poursuites dirigées contre l'un libéraient tous les autres;
le droit une fois déduit *in judicium* était éteint par l'effet
de la *litis contestatio*, et ne pouvait pas revivre. Aujourd'hui, que cette procédure stricte et rigoureuse
n'existe plus, on comprend difficilement qu'un bon
procédé de la part d'un créancier soit récompensé par
la perte d'une portion de sa créance. En voulant protéger les cautions, on n'a fait qu'aggraver leur sort,
car il est certain qu'un créancier ne divisera jamais
spontanément sa demande en poursuite.

Quoi qu'il en soit, cette division spontanée est fort
avantageuse pour la caution, et cela à plusieurs points
de vue :

1° Le créancier prend à sa charge toutes les insolvabilités antérieures ou postérieures à la division volontairement opérée par lui. Au contraire, si la division a
lieu en justice, il ne supporte que les insolvabilités postérieures à la division demandée ;

2° La division volontaire consentie par le créancier
s'opère même au profit de celui qui a renoncé à ce
bénéfice ;

3° Enfin, si le créancier qui a un fidéjusseur incapable et un autre capable, a consenti sans aucune réserve à la division de son action, il prend sur lui le préjudice qui peut résulter de l'incapacité (Poth.,n° 424).

Mais pour qu'il y ait division volontaire, suffit-il que le créancier ait poursuivi pour sa part et portion l'un des côfidéjusseurs (art. 2027), ou bien, est-il néces-saire que la caution poursuivie acquiesce à la demande formée contre elle (art. 1211), ou qu'il soit intervenu contre elle un jugement de condamnation ? Jusque-là le créancier ne peut-il pas revenir sur ses pas, et rectifier ses conclusions, en lui demandant le tout ? Il y a ici une distinction à faire. Quand la caution aura renoncé au bénéfice de division en s'obligeant volon-tairement, l'art. 1211 devra s'appliquer, et pour que la dette soit bien et dûment divisée, il faudra qu'il y ait eu acquiescement à l'offre du créancier au jugement de condamnation. Si, au contraire, la caution s'est obligée purement et simplement, on devra dire, con-formément à l'art. 2027, que la seule demande du créancier opérera division ; car former contre la cau-tion une demande pour sa part, n'est-ce pas divi-ser son action ?

CHAPITRE III.

DU BÉNÉFICE DE SUBROGATION.

Un troisième bénéfice que les lois accordent au fidéjusseur, c'est que lorsqu'il paye, il peut requérir le
créancier de le subroger à tous ses droits, actions et
hypothèques, tant contre le débiteur principal qu'il a
cautionné que contre toutes les autres personnes qui
sont tenues de cette dette (Poth., *Oblig.*, n° 427).

La caution qui paye éteint complétement la dette
du débiteur principal; mais alors naît à son profit une
action en recours (1) qui peut être soit une action de
mandat, soit une action de gestion d'affaires. Une action
de mandat, si elle a agi comme mandataire du débiteur
principal; une action de gestion d'affaires, si la caution
s'est obligée spontanément, sans mandat, et pour rendre
service au débiteur principal. L'art. 2028, *initio*, éta-
blit cette action en recours en ces termes : « La caution
qui a payé a son recours contre le débiteur principal,

----

(1) Cette action est l'action *mandati contraria*, si c'est au su et au
gré du principal débiteur qu'elle l'a cautionnée ; car ce consentement du débiteur principal renferme un contrat tacite de mandat,
suivant cette règle de droit : *Semper qui non prohibet pro se inter-
venire mandare creditur* (L. 60, D. De *rej. juris*). Si la caution s'est
obligée pour le débiteur sans sa connaissance, elle ne peut pas avoir
contre lui l'action *mandati*, mais elle a contre lui l'action *negotiorum
gestorum contraria*, qui a le même effet (Pothier, n° 420).

soit que le cautionnement ait été donné au su ou à l'insu du débiteur (art. 2028). La caution a donc une action en recours ; mais cette action est dépourvue de toutes les garanties qui assuraient celle du créancier, et, par suite, elle peut être, en cas d'insolvabilité du débiteur, inefficace ou du moins insuffisante. Ainsi que nous l'avons vu, les jurisconsultes romains avaient déjà essayé d'améliorer la position rigoureuse des cautions ; ils leur avaient accordé le bénéfice *cedendarum actionum*, leur permettant ainsi d'exercer l'action du créancier avec toutes les garanties accessoires qui y étaient jointes. Grâce à une fiction, le payement fait par la caution ne fut pas considéré comme un payement véritable ayant pour but et pour effet d'éteindre la créance primitive, mais en quelque sorte, *quodammodo*, comme le prix de la vente que le créancier faisait de ses droits à la caution.

Aussi la cession devait-elle être demandée avant que le créancier eût été désintéressé : car, plus tard, la dette primitive étant éteinte par le payement pur et simple, la cession était impossible faute d'objet. Ces principes passèrent du droit romain dans notre ancienne jurisprudence française et furent admis longtemps sans contestation aucune. C'est alors que Dumoulin, dans sa première leçon faite à Dôle, en 1555, vint soutenir, « contre le sentiment des docteurs, » une doctrine différente et toute nouvelle. Voici quel était son raisonnement : La caution, pensait-il, ne peut être privée de son bénéfice que si elle y a renoncé ; or, si elle a payé, c'est qu'elle y était forcée. On ne saurait donc pas présumer

une semblable renonciation d'un payement qu'elle n'é-
tait pas libre de refuser. De là il concluait que la caution
était, en payant, subrogée de plein droit, quoiqu'elle
n'eût point requis la subrogation. Dumoulin appuyait
sa doctrine sur des lois romaines qu'il détournait évidemment de leur sens véritable. Aussi ne put-il con-
vaincre personne, et nous voyons Pothier nous dire dans
son *Traité des obligations* : « Cette opinion de Dumoulin n'a pas prévalu, et l'on a continué d'enseigner dans
les écoles et de pratiquer au barreau qu'un codébiteur
solidaire, de même que les cautions et tous ceux qui
payaient ce qu'ils devaient avec d'autres ou pour
d'autres, n'étaient subrogés aux actions du créancier
que lorsqu'ils avaient requis la subrogation. » (Poth.
Oblig. n° 280).

Les rédacteurs du Code se trouvaient donc en présence
de deux systèmes : celui de Dumoulin, plus simple, plus
logique, plus équitable, et celui qui avait constamment
été suivi dans l'ancien droit, et qui avait pour lui la
tradition romaine et la tradition française. N'ayant
pas, comme nos anciens auteurs, à s'inquiéter des lois
romaines et de leur interprétation, ils s'arrêtèrent au
système de Dumoulin, et admirent que, par le seule
force de la loi, indépendamment de toute cession, la
caution qui payerait serait subrogée aux droits du
créancier. C'est ce que nous voyons dans l'article
1251.

Une question qui se présente dès qu'on étudie la
matière de la subrogation légale est la suivante : la
subrogation transfère-t-elle au subrogé la créance

8

primitive elle-même avec tous ses accessoires, ou ne fait-elle que rattacher à la créance de mandat ou de gestion d'affaires du subrogé certaines garanties de la créance primitive?

Sans entrer dans l'examen de cette question, nous admettons, avec notre savant maître M. Bugnet (1), que le payement avec subrogation anéantit la créance primitive (puisque le payement est le mode principal d'extinction des obligations), et que, dès lors, la créance qui existe ensuite contre le débiteur au profit de la caution qui a payé est bien une créance nouvelle, mais que la loi, par sa volonté toute-puissante, transporte sur cette créance certaines garanties de l'ancienne. Ce n'est point la créance primitive qu'exercera la caution, c'est une action qu'elle a de son chef, une action qui lui appartient comme mandataire ou *negotiorum gestor*. La survivance de ces accesoires est quelque chose d'exorbitant du droit commun; de là on pourra bien faire passer à l'action nouvelle de la caution les sûretés énumérées par la loi, par exemple priviléges, hypothèques, cautionnement; mais s'évanouiront avec la créance primitive les autres accessoires que la loi n'a point énumérés, tels que la compétence du tribunal, le titre exécutoire, ou la contrainte par corps (M. Bugnet sur Poth , n° 439 et 280; Merlin, *Quest.*, v° *Subrog.* ; Marcadé, art. 1236; Coin-Delisle, *Rev. crit.*, 1854, p. 517).

_____

(1) « Dans la vérité, » disait déjà Pothier, « la créance est payée et éteinte, car la véritable intention des parties a été de faire un payement et non un transport. » (Poth., n° 560, *Oblig.*)

La caution qui a payé n'a donc qu'une seule action pour recourir contre le débiteur principal. C'est l'action de mandat ou de gestion d'affaires; seulement elle pourra détacher les hypothèques et autres garanties de l'ancienne créance, pour les transporter à la nouvelle. Mais il faut remarquer que la subrogation ne sera jamais acquise à la caution que dans la limite des droits du créancier. Ainsi, la créance personnelle de la caution dépasse de beaucoup le montant de la dette primitive; elle comprend, par exemple, outre le capital déboursé, des intérêts, des frais, des dommages-intérêts. Si la subrogation avait lieu dans les limites de la créance personnelle de la caution, le débiteur, les créanciers chirographaires, même les créanciers hypothécaires d'un rang inférieur, seraient lésés; ils s'attendaient bien à voir le créancier leur opposer ses garanties particulières, ses causes de préférence, pour une certaine somme, mais ils ne pouvaient supposer que la caution viendrait se prévaloir contre eux de ces même garanties, de ces mêmes causes de préférence pour une somme supérieure. Ainsi donc la caution pourra user des garanties de l'ancienne créance pour réclamer ce que le créancier lui-même aurait pu obtenir; pour le surplus, son action de mandat ou de gestion d'affaires cesse d'être garantie par les sûretés de la créance primitive.

Nous allons examiner successivement ce qui concerne la subrogation:

1° Dans les rapports du créancier et de la caution;
2° Dans les rapports de la caution et du débiteur;

3° Dans les rapports des cofidéjusseurs entre eux ;

4° Dans les rapports de la caution et du tiers détenteur de l'immeuble hypothéqué à la dette ;

5° Enfin, nous étudierons quelques questions sur
l'art. 2037.

SECTION Iᵉ.

Effets de la subrogation dans les rapports du créancier et de la caution.

L'obligation du créancier de céder ses actions est
fondée, nous dit Pothier, sur une règle d'équité : « Étant
obligés d'aimer tous les hommes, nous sommes obligés
de leur accorder toutes les choses qu'ils ont intérêt d'a-
voir, lorsque nous pouvons les leur accorder sans qu'il
nous en coûte rien. » (Poth., *Oblig.*, n° 556.)

M. Bugnet remarque avec raison que cette règle,
comme principe de droit, est exagérée. « La subrogation, nous dit-il, est fondée d'une part sur l'intérêt
que celui qui paye avait à payer, et, par conséquent, à
éviter des poursuites, et, d'autre part, sur le défaut
d'intérêt, tant de la part du débiteur que de ses autres
créanciers, à critiquer cette subrogation au profit de
celui qui a payé, *attendu que leur situation respective
reste complétement la même.* (M. Bugnet sur Poth.,
Oblig., n° 556, not. 1.)

Quoi qu'il en soit, la subrogation, n'étant qu'une faveur accordée à la caution, ne doit pas être rétorquée
contre le créancier ; on ne peut pas supposer que le

créancier, en subrogeant la caution dans ses droits, a voulu se nuire à lui-même ; c'est ce que Dumoulin exprimait par cette maxime : *Nemo censetur subrogasse contra se*, dont l'art. 1252 n'est que la reproduction.

« La subrogation établie par les articles précédents, nous dit l'art. 1252, a lieu tant contre les cautions que contre les débiteurs; elle ne peut nuire au créancier lorsqu'il n'a été payé qu'en partie; en ce cas, il peut exercer ses droits, pour ce qui lui reste dû, par préférence à celui dont il n'a reçu qu'un payement partiel. » (Art. 1252.)

Prenons un exemple : Primus est créancier de Secundus de 10,000 fr., et la créance est garantie par une hypothèque. De plus, Pierre et Paul ont cautionné le débiteur ; Paul, poursuivi par Primus, oppose le bénéfice de division et paye 5,000 fr.; il est, jusqu'à concurrence de cette somme, subrogé à l'hypothèque de Primus. Puis, ce même Paul agit contre le débiteur principal, Secundus, pour se faire rembourser de ce qu'il a payé, et à cet effet, il saisit et fait vendre l'immeuble hypothéqué à la dette. La vente ne produit que 5,000 fr. ; Paul subrogé primera-t-il le créancier ou viendra-t-il en concours avec lui? Non, dans notre espèce, le créancier sera seul payé, en vertu de la règle : *Nemo censetur subrogasse contra se*. Si, au contraire, l'immeuble hypothéqué se vendait 8,000 fr., le créancier viendrait se payer d'abord de ses 5,000 fr., et la caution n'aurait que les 3,000 fr. restants.

Cependant il ne faudrait pas exagérer la portée de la règle : *Nemo censetur*. Le créancier ne peut réclamer la préférence que lui donne l'art. 1252 que pour le restant de la créance cautionnée et payée en partie par la caution. Il ne peut pas invoquer le bénéfice de cet article pour les autres créances qu'il peut avoir contre le même débiteur, mais résultant d'autres titres et garanties par de nouvelles hypothèques. — Exemple : Primus prête à Secundus une somme de 10,000 fr. sous la double garantie d'un cautionnement et d'une hypothèque. Quelque temps après, Primus prête encore à Secundus une somme de 20,000 fr., hypothéquée sur le même immeuble. Cette hypothèque est inscrite le même jour que celle qui garantit la première dette. La caution paye intégralement les 10,000 fr. ; elle sera subrogée pour le tout à la première hypothèque, et comme elles ont été toutes deux inscrites le même jour, Primus et la caution devront être colloqués entre eux au marc le franc. Si l'on supposait que l'hypothèque garantissant la créance de 20,000 fr. n'a été inscrite que la seconde, la caution subrogée à celle de la première créance devrait passer avant Primus. (Cass., 27 nov. 1832.)

Une dernière question nous reste à examiner : La caution subrogée aux droits du créancier peut-elle comme celui-ci invoquer le bénéfice de l'action résolutoire, en cas d'inexécution des obligations de la part du débiteur? Prenons une espèce; supposons, par exemple, un contrat de vente; la caution a garanti le payement du prix; elle paye, elle est subrogée aux droits du créancier. Malgré l'avis contraire de presque tous les auteurs, il nous paraît impossible d'admettre que la caution ait le droit de résoudre la vente, en sa faveur, et de se payer en prenant l'immeuble dont elle a garanti le payement. En effet, le payement fait par la caution a désintéressé le créancier vendeur et a éteint la dette primitive; à sa place est née une action de mandat ou de gestion d'affaires, assurée, dans une certaine mesure, par les garanties de l'ancienne. Or, il est contraire à l'essence du mandat, et à celle de la gestion d'affaires que le gérant convertisse son payement en une acquisition indirecte du bien dont son mandant est propriétaire au temps où son contrat se forme ; s'il en était ainsi, dit un auteur, le gérant d'affaires ne serait qu'un intendant de comédie. (M. Coin-Delisle, *Rev. critiq.*, p. 317, t. IV.)

SECTION II.

Effets de la subrogation dans les rapports du débiteur et de la caution.

L'art. 2020 règle les effets de la subrogation entre la caution et le débiteur. « La caution qui a payé la dette est subrogée à tous les droits qu'avait le créancier contre le débiteur (art. 2020). Ainsi que nous l'avons vu, la caution exerce les droits du créancier en les rattachant à sa créance de mandat ou de gestion d'affaires ; de plus, elle ne peut les invoquer que dans la limite des droits du créancier, car, et c'est la principale différence entre la cession et la subrogation, la caution subrogée n'aspire qu'à rentrer dans ses déboursés, sans avoir aucune idée de spéculation.

La caution peut se prévaloir des priviléges hypothèques et autres garanties de la première créance. L'art. 2029 est conçu, en ce point, d'une manière générale ; il ne faut donc pas distinguer entre les sûretés acquises par le créancier avant l'intervention de la caution et celles acquises depuis. Je crois que la caution subrogée pourra se prévaloir de tous les droits qu'avait le créancier lors du payement, et si, depuis le cautionnement, le créancier avait stipulé du débiteur une nouvelle hypothèque, je pense que la caution pourra s'en prévaloir.

Dumoulin n'admettait point cette doctrine. Il voulait bien que la subrogation eût lieu pour les droits du créancier acquis antérieurement au cautionnement, mais il refusait à la caution cette subrogation pour les droits acquis après qu'elle s'était obligée. *Obligatio cedendi non debet extendi ultra limites qui erant tempore contractus.*

En présence de la généralité des termes de l'art. 2029, l'opinion de Dumoulin nous paraît difficile à admettre aujourd'hui. Notre solution, conforme au texte de l'art. 2029, est, du reste, conforme à l'équité : personne ne peut se plaindre d'une pareille subrogation ; elle ne nuit à personne et vient protéger plus efficacement la caution.

Si le créancier fait remise à la caution soit de son cautionnement, soit de la dette principale elle-même, on peut se demander si la caution subrogée aux droits du créancier aura un recours contre le débiteur. Tout d'abord, si le créancier en libérant le fidéjusseur n'a pas entendu libérer le débiteur, s'il a conservé son action contre celui-ci, il est bien évident que la caution n'aura aucun recours à exercer contre le débiteur; la dette principale subsiste encore; mais, grâce à la remise du cautionnement, elle cessera d'être cautionnée.

Mais si, au lieu de faire remise du cautionnement, le créancier a fait remise de la dette elle-même, de manière à libérer le débiteur principal, la caution pourra-t-elle se prévaloir de la subrogation pour recourir contre le débiteur? Il faut distinguer ici selon que la remise a eu lieu à titre onéreux ou à titre gratuit.

Si la remise a lieu à titre onéreux, le recours de la caution est évident; mais elle ne pourra répéter que ce qu'elle a dépensé: *Non plus consequi debere quam quod solverit*, disait la loi romaine (L. 26, § 4, *De fidejuss.*). Elle n'a point voulu spéculer, il suffit qu'il ne soit pas en perte.

Mais que décider si la remise a eu lieu à titre purement gratuit? Nous suivrons, en ce point, la décision de Pothier, et nous refuserons tout recours à la caution contre le débiteur qui a profité de cette remise, « parce » qu'il n'en a rien coûté à la caution. » (Poth., *Oblig.*, n° 431.) En effet le recours ne peut avoir pour effet que l'indemnité due à la caution, pour ce qu'elle a déboursé, afin de libérer le débiteur principal; or ici rien n'a été déboursé, et il ne peut être question d'indemnité. Le secours est une action de gestion d'affaires, intentée par le gérant pour recouvrer ses impenses; or, il n'y a ici aucune impense. On peut invoquer aussi l'art. 2029, qui suppose que la caution a payé, et, dans l'espèce, la caution n'a pas payé.

Mais, dit-on, si on analyse avec soin les opérations

qui ont eu lieu, on arrive à reconnaître que la caution a réellement libéré le débiteur avec ses propres fonds, en effectuant un payement intégral. Le créancier a fait remise de la dette à la caution ; les choses se sont passées comme si la caution avait payé la dette au créancier et que celui-ci lui eût rendu les fonds payés en lui faisant donation, ou bien encore, comme si le créancier avait donné à la caution une somme égale au montant de la dette, et que cette caution eût employé cette somme à désintéresser le créancier.

Ce raisonnement ne nous semble pas juste ; on confond à tort, selon nous, la remise avec la donation d'une créance. On ne peut pas dire que la remise gratuite d'une créance soit un don de cette créance ; car lorsqu'il y a donation, le donataire devient créancier ; la créance continue à subsister ; or, puisqu'il y a survivance de la créance donnée, il n'y a donc pas extinction par remise de la dette. L'action du donataire serait donc, non pas un recours, mais l'exercice pur et simple d'une créance qui n'a pas cessé d'exister. (Pothier, *Oblig.*, n° 431 ; Marcadé, sur l'art. 1287. — *Contra*, M. Troplong, n° 336 ; Duranton, t. XI, n° 227.)

Une autre question analogue à celle que nous venons d'examiner est celle de savoir ce qu'il faudrait décider dans le cas où la caution a, du consentement du créancier, payé le capital d'une rente qui n'était pas encore remboursable. Le débiteur peut-il la contraindre à recevoir immédiatement le remboursement du capital de cette rente ?

Nous croyons que la caution ne peut pas refuser au

débiteur de recevoir un remboursement immédiat ;
car la caution qui se fait subroger ne songe point à
spéculer; elle paye parce qu'elle y est forcée ; la subrogation n'a pas pour but de l'enrichir, mais seulement
de la garantir contre des chances de perte.

Nous n'avons jusqu'ici prévu que le cas où le fidéjusseur n'avait cautionné qu'un seul débiteur. Qu'arriverait-il s'il y en avait plusieurs? L'art. 2030 résout
la question dans le cas où il s'agit de débiteurs solidaires, et décide, conformément aux principes du mandat (art. 2002), que chacun d'eux est tenu pour le tout
envers la caution. C'était déjà la solution de Pothier, et
voici la raison qu'il nous en donne : « Chacun de ces
débiteurs principaux étant débiteur du total de la dette
envers le créancier, la caution, en se rendant caution
pour chacun d'eux et en payant, a libéré chacun d'eux
du total, et, par conséquent, elle a droit de conclure
solidairement contre chacun d'eux au remboursement
du total de ce qu'elle a payé. (Poth., n° 440.)

S'il s'agissait de débiteurs simplement conjoints, il
faudrait dire que la caution ne pourrait réclamer à chacun que sa part et portion ; car, en payant la part de
l'un, elle n'a pas géré l'affaire des autres ; la dette se
divisant de plein droit entre les débiteurs, on ne peut
pas dire que l'affaire leur soit commune à tous. C'est
comme si la caution avait cautionné chacun d'eux pour
la part dont il était tenu.

Mais que décider si la caution a cautionné un seul
des débiteurs solidaires? Lorsqu'il y a plusieurs débiteurs solidaires, dont l'un seulement a été cautionné et

que la caution a payé la totalité, est-elle légalement subrogée, non-seulement contre le débiteur pour lequel elle est intervenue, mais encore contre les autres ? Suivant l'art. 2030, il semble bien que, pour être légalement subrogée contre tous les débiteurs, la caution doive s'être engagée pour tous ; en d'autres termes, l'art. 2030 paraît bien pouvoir fournir un argument à *contrario* pour prétendre que la subrogation légale n'existe au profit de la caution que contre le débiteur dont elle a garanti l'insolvabilité. Cette conséquence serait pourtant trop absolue, et voici la portée que nous donnons à l'art. 2030 : La caution dont il s'agit ne sera pas subrogée de son propre chef contre les débiteurs qu'elle n'aura pas cautionnés : elle ne le sera que du chef de celui pour le compte duquel elle s'est obligée. De là plusieurs conséquences :

1° Elle ne pourra poursuivre les autres codébiteurs que dans les limites du recours qu'aurait eu le codébiteur qu'elle a cautionné, c'est-à-dire qu'elle ne pourra leur demander que leur part et portion ;

2° Elle sera destituée de tout recours si la dette solidaire a été contractée dans l'intérêt exclusif du débiteur pour lequel elle s'était engagée ;

3° Les autres codébiteurs pourront lui opposer les exceptions dont ils auraient pu se prévaloir contre le débiteur cautionné ;

4° Elle sera obligée de partager le bénéfice de son recours avec tous les autres créanciers du codébiteur. Si la caution était légalement subrogée de son chef, les conséquences se produiraient en sens inverse. (Cass., 19 avril 1854. — *Contra*, Cass. rej., 10 juin 1851.)

SECTION III.

Effets de la subrogation dans les rapports des cofidé-jusseurs entre eux.

La caution qui a payé peut recourir non-seulement contre le débiteur principal, mais encore contre ses cofidéjusseurs. Le recours contre les autres cautions existait en droit romain pour les *sponsores* et les *adpromissores*, en vertu de la loi Apuléia, mais il était refusé aux fidéjusseurs quand ils avaient omis de se faire céder les actions du créancier.

En effet, disait-on, *solius rei principalis negotium gerit, non alter alterius.* Cette décision était bien rigoureuse ; aussi, nos anciens auteurs ont pensé que la caution qui a payé toute la dette peut, sans subrogation d'actions, en répéter une part de chacun de ses cofidéjusseurs. C'était l'avis de d'Argentré sur l'art. 213 de la coutume de Bretagne et de Pothier (*Oblig.*, n° 445). L'action qu'on accordait à la caution ne naissait pas du cautionnement, mais du payement effectué par elle. C'était une action *negotiorum gestorum* utile, parce que, nous dit Pothier, « quoique ce fidéjusseur, *ipsius inspecto proposito,* en payant la dette entière fît plutôt sa propre affaire que celle de ses cofidéjusseurs, néanmoins *effectu inspecto,* ayant, quant à l'effet, géré l'affaire de ses cofidéjusseurs, en même temps qu'il faisait la sienne, les ayant par le payement qu'il a fait libérés d'une dette qui leur était commune avec lui, l'équité exige qu'ils portent leur part de ce payement dont ils ont profité autant que lui. (Poth., *Oblig*, n° 445.)

La théorie de Pothier a passé dans notre droit actuel. Voici ce que porte l'art. 2033 : « Lorsque plusieurs personnes ont cautionné un même débiteur pour une même dette, la caution qui a acquitté la dette a recours contre les autres cautions, chacune pour sa part et portion. Mais ce recours n'a lieu que lorsque la caution a payé dans l'un des cas énoncés en l'art. 2032. » (Art. 2033 Code Napoléon.)

L'action qu'a la caution contre les fidéjusseurs est donc une action *negotiorum gestorum* utile ; car il est peu probable que les rédacteurs du Code aient voulu s'écarter, en ce point, de la doctrine de Pothier.

Mais cette action en recours que l'art. 2033 donne à la caution est soumise à diverses conditions que nous allons examiner.

Pour que la caution puisse exercer contre ses cofidéjusseurs le recours que lui donne l'art. 2033, il faut qu'elle ait payé. Cet article le dit formellement et à deux reprises différentes. Mais il ne suffit pas que la caution ait payé, Il faut qu'elle ait payé ayant juste sujet de le faire, et elle n'aura juste sujet de payer que lorsqu'elle l'aura fait dans l'un des cas énoncés en l'art. 2032. Si le fidéjusseur avait payé hors de ces cas, l'action en recours lui échapperait.

La caution a-t-elle toujours droit à un recours quand elle a payé dans l'une des cinq hypothèses prévues par l'art. 2032 ? Suivant quelques auteurs, la caution qui a payé n'aurait de recours contre ses cofidéjusseurs que dans les cas énoncés aux n° 1, 2 et 4 de l'art. 2032; « car, dans le troisième, la caution loin de payer la dette, agit contre le débiteur pour que celui-ci lui rapporte sa décharge; et il en est de même dans le cinquième. » (Duranton, t. 18, n° 366.)

Cette doctrine est en contradiction formelle avec les termes de l'art. 2033. D'autre part, les travaux prépa- ratoires ne laissent aucun doute sur ce point. « Néan- » moins, disait Chabot dans son rapport au Tribunat, » ce fidéjusseur ne peut exercer le recours, s'il a » payé sans avoir été poursuivi en justice par le créan- » cier, ou sans que le débiteur fût en faillite ou en » déconfiture, ou avant l'expiration du terme auquel » le débiteur s'était obligé de lui rapporter décharge, » ou avant l'échéance de l'obligation, ou avant l'expi- » ration des dix années lorsque l'obligation n'avait » pas de terme fixe d'échéance, ou avant l'expiration » du temps déterminé pendant lequel cette obligation » était de nature à ne pouvoir s'étendre.» (Fenet, t. 15, p. 58.) Concluons donc que la caution a recours contre ses fidéjusseurs, lorsqu'elle a payé dans l'une des hypothèses énumérées par l'art. 2032, quelle que soit d'ailleurs l'hypothèse. (Troplong, Caut., n° 425; Aubry et Rau, t. 3. § 4, 28, note 1.)

Mais, outre l'action *negotiorum gestorum* utile, cette action en recours que la caution a de son chef, pourra- t-elle de plus invoquer le bénéfice de la subrogation légale aux droits du créancier? Quoique l'art. 2023 ne parle pas expressément de la subrogation, je crois que la caution pourra s'en prévaloir. Sans doute, qu'elle, agisse par l'action *negotiorum gestorum* ou comme subrogée aux droits du créancier, elle ne pourra redemander à chacun d'eux que sa part et portion virile; l'art. 2033 ne distingue point, et nous ne pouvons pas faire une pareille distinction; pourtant la subrogation sera fort utile à la caution, si l'action qu'avait le créancier contre les cofidéjusseurs était garantie par des sûretés spéciales.

Nous déciderions de même, et nous pensons que lors même que la caution se serait fait subroger conventionnellement par le créancier, elle ne pourrait point agir *in solidum* contre ses cofidéjusseurs. Nous n'avons, il est vrai, aucun texte pour les cautions; mais nous pouvons tirer de l'art. 875 C, N, une argument d'analogie qui ne nous paraît pas sans valeur.

La caution qui a payé ne peut donc agir contre ses cofidéjusseurs que pour sa part et portion virile; mais il faut remarquer que cette portion n'est déterminée qu'eu égard au nombre des cautions solvables; l'insolvabilité de l'une d'elles doit être également supportée par toutes les autres. Si donc elles sont au nombre de quatre, la caution qui a payé peut demander un quart à chacune, si elles sont toutes solvables, un tiers si l'une d'elles est insolvable, etc., sauf le recours de chacune contre celle qui est insolvable (art. 1214).

SECTION IV.

Effets de la subrogation dans les rapports de la caution et du tiers détenteur.

La caution qui paye est-elle subrogée aux droits du créancier contre les tiers détenteurs de l'immeuble hypothéqué pour sûreté de la dette principale garantie par le cautionnement? Prenons une hypothèse : Primus doit 20,000 fr. à Secundus, et pour sûreté de la dette, il lui a donné une caution. — Primus est poursuivi et condamné; une hypothèque judiciaire frappe tous ses biens. Primus vend un de ses immeubles à un tiers, et celui-ci paye son prix entre les mains de son vendeur. Le créancier peut à son choix poursuivre la caution ou le tiers détenteur; si c'est la caution qui a payé, sera-t-elle subrogée contre le tiers détenteur, ou bien le tiers détenteur sera-t-il, après avoir payé, subrogé contre la caution?

Je crois qu'il faut décider que la caution peut invoquer la subrogation contre le tiers détenteur, sans que celui-ci puisse à son tour inquiéter la caution. Voici quels sont les motifs qui nous déterminent :

Le législateur a accordé à la caution, par l'art. 2037, le privilége d'être déchargée, quand le créancier ne pourrait plus la subroger aux hypothèques qui garantissent la créance. Cette faveur exceptionnelle à laquelle le tiers détenteur ne participe pas est une preuve que la caution est préférable, aux yeux de la loi, et

9

qu'on a voulu lui donner tous les moyens possibles de rentrer dans ses déboursés,

« Cet article 2027 suppose évidemment que la cau-
» tion ne s'est portée telle qu'en contemplation des
» garanties attachées à cette créance » (M. Bugnet,
sur Poth. , n° 557, not. 2). Le créancier doit les lui
conserver, et nous ne saurions comprendre que ces garanties soient complétement inefficaces et tout à fait
inutiles pour la caution, puisqu'elle ne pourra point
agir contre le tiers détenteur. Enfin, comme le fait
remarquer M. Bugnet, puisque la caution ne s'est obligée qu'en vue des hypothèques, il ne faut pas que le
débiteur, en aliénant le fonds, puisse la priver des
sûretés sur lesquelles elle a dû compter.

De plus, la solution que nous présentons nous paraît juste et équitable; la caution est d'autant plus
digne de faveur que si le tiers détenteur est en perte,
c'est qu'il l'a bien voulu. En effet, notre régime hypothécaire reposant sur le système de la publicité, le
tiers détenteur pouvait très-bien connaître l'hypothèque qui grevait les fonds dans les mains de son
auteur.

Du reste, était-il acheteur, il n'avait qu'à remplir
les formalités de la purge. S'il a négligé de le faire, il
est en faute, et par conséquent, moins favorable que
la caution à qui l'on ne peut rien reprocher.

A-t-il acquis à titre d'échange, il peut se soustraire
à l'action hypothécaire en délaissant, et comme il est
évincé, il a, par application des règles de l'échange,
le droit de répéter sa chose (art. 1705, il ne perd donc

rien, sauf, comme le fait remarquer M. Ponsot, le bénéfice d'un contrat qui ne doit pas l'enrichir aux dé-
pens d'autrui.

Enfin, si le tiers détenteur est un donataire, on
peut encore bien moins comparer sa condition à celle
de la caution. La loi ne peut préférer celui *qui certat
de lucro captando* à celui *qui certat de damno vitando.*
D'autre part, s'il est légataire, la caution peut dire
que le legs n'existe pas, tant que les dettes ne sont
pas payées.

Concluons donc que la caution est subrogée contre
le tiers détenteur, et que celui-ci ne l'est pas contre
la caution.

Ce système a trouvé de nombreux contradicteurs, et
il nous faut examiner quelques objections faites à notre
théorie.

Lorsque le tiers détenteur d'un immeuble frappé
d'une hypothèque générale est poursuivi, la loi, a-t-on
dit, lui permet d'échapper à la poursuite du créancier,
en le contraignant de discuter les biens hypothéqués
à la même dette, qui sont restés « en la possession du
principal ou des principaux obligés . » Or, l'art. 2170
par cette expression *débiteurs principaux* a voulu désigner les cautions. Ce droit de discussion accordé au
tiers-détenteur contre la caution montre évidemment
que dans la pensée de la loi, le fardeau de la dette doit
être exclusivement supporté par la caution, sauf son
recours contre le débiteur.

Cet argument serait concluant, au moins dans les
cas où le tiers détenteur a le bénéfice de discussion

s'il était prouvé que l'art. 2170 a entendu désigner les cautions par les expressions *principaux obligés*. Mais, ces termes, *débiteurs principaux*, *principaux obligés*, n'ont jamais désigné dans le Code que les personnes dans l'intérêt desquelles la dette a été contractée. Jamais ils n'ont été employés pour comprendre à la fois le débiteur principal et la caution. Ils excluent même cette dernière qui est en réalité, et vis-à-vis de tous, un débiteur accessoire. Donc, puisque la caution est un débiteur accessoire, l'argument tiré du texte de l'article 2170 est sans valeur, et le tiers détenteur, d'après cet article, n'est préférable qu'aux débiteurs principaux.

Mais on insiste, et l'on dit que la caution, débiteur accessoire quand on la compare avec le véritable débiteur, devient débiteur principal, si on la met en présence de tiers-détenteurs. « Le fidéjusseur, écrit » M. Troplong, est par rapport au tiers détenteur, un » obligé personnel, parce que le lien personnel qui est » le lien principal l'enchaîne invinciblement, tandis »' que le tiers détenteur n'étant pas obligé personnel- » lement, n'est jamais tenu qu'à titre d'accessoire » (M. Troplong, n° 429). — Cette assertion n'a rien de solide. La caution n'est pas plus débiteur principal que le tiers détenteur. En réalité, ce sont deux débiteurs accessoires, puisqu'ils sont tenus pour la dette d'autrui ; la caution n'est pas principal obligé, puisqu'elle n'est pas obligée pour elle-même, et le tiers n'est tenu qu'à cause du fonds qu'il détient.

Vainement, enfin, invoquera-t-on l'autorité de l'his-

toire ; vainement dira-t-on que cette opinion a pour
elle, pour employer les termes de M. Troplong, « l'autorité des noms les plus vénérés, les Favre, les Loyseau, les Pothier » ; car le régime hypothécaire actuel,
fondé sur la publicité, offre de trop grandes différences avec le régime hypothécaire ancien pour qu'on
puisse tirer une conséquence exacte de l'opinion de
ces grands jurisconsultes.

Supposons maintenant que le tiers détenteur de
l'immeuble hypothéqué soit une caution réelle ; ainsi,
un tiers, sans s'obliger personnellement, a garanti la
dette du débiteur, en affectant par hypothèque un de
ses immeubles au payement de la dette. Est-il subrogé
quand il paye ?

Posons une espèce : Le débiteur empruntant une
somme de 10,000 fr., donne au créancier, pour sûreté
de cette dette, une caution personnelle, Primus, et un
tiers ; Secundus, consent à se porter caution réelle,
c'est-à-dire à hypothéquer son immeuble pour garantie de cette obligation. Primus paye, pourra-t-il forcer
Secundus à lui rembourser une partie de ce qu'il a
payé ? (Vid. M. Mourlon, Subrog., p. 244 ; M. Troplong, art. 2035, n° 427.)

Nous pensons que la caution personnelle peut, en
vertu de l'art. 1251 3°, exercer un recours contre la
caution réelle, comme subrogée aux droits du créancier.
M. Troplong pense que la caution personnelle doit
supporter tout le fardeau de la dette. Secundus, dit-il,
n'a contracté aucun engagement personnel ; il n'était
pas tenu de payer. Primus, en payant, n'a donc pas

géré l'affaire de Secundus, et, par suite, il n'a contre lui ni l'action directe, ni l'action utile de gestion d'affaires.

Cet argument nous semble inexact : le tiers détenteur est évidemment tenu de payer, sauf à s'affranchir de cette obligation par le délaissement. L'art. 2168 dit positivement qu'il est tenu ; donc, si la caution personnelle a payé, elle a bien fait l'affaire du tiers détenteur, puisqu'elle l'empêche d'être exproprié. Les choses se passent ici de même qu'entre cofidéjusseurs ; celui d'entre eux qui paye n'a pas pour but principal de libérer les autres, mais de se libérer lui-même, et pourtant, comme il a fait indirectement l'affaire des autres, on lui accorde une action *negotiorum gestorum* utile.

◆ Du reste, la caution personnelle ne sera pas déchargée complétement. Le tiers détenteur et la caution sont ici des cogarants de la même dette, et si le débiteur principal est insolvable, la dette se répartira entre eux. Mais sur quelles bases se fera cette répartition ? Suivant M. Ponsot (*Cautionn.*, n° 285), chacun contribuera pour sa part et portion, virile. Nous ne le pensons point, et nous préférons le système de MM. Aubry et Rau (Zach., t. III, §·321, note 62).

Si la valeur de l'immeuble est égale ou supérieure au montant de la dette, la répartition se fera par portions viriles ; car les parties sont menacées d'une perte égale, et cette perte doit se répartir également entre elles. Mais si la valeur de l'immeuble est inférieure, le tiers détenteur supportera dans la dette une part proportionnelle à la valeur de l'immeuble comparée au montant de la dette. Par exemple, l'immeuble vaut 10,000 fr. et la dette est de 40,000 fr. La caution devra supporter les trois quarts, et le tiers détenteur le quart restant. Cela est très-juste, car ce dernier n'était tenu que jusqu'à concurrence de 10,000 fr., c'est-à-dire du quart de ce que devait la caution.

Autre hypothèse : La dette principale est de 15,000 fr.; il y a une caution personnelle et deux cautions réelles, Primus et Secundus ; Primus a hypothéqué un immeuble de 12,000 fr., Secundus un immeuble de 6,000 fr. ; le débiteur principal étant insolvable, comment se répartira la perte ? M. Ponsot pense que chacun d'eux en supporte le tiers, comme s'il s'agissait de trois cautions personnellement obligées chacune à la totalité de la dette. Nous établirons la contribution comme s'il s'agissait de trois cautions personnelles dont l'une aurait garanti la totalité de la dette (15,000 fr.); la seconde se serait obligée pour 12,000 fr., et la troisième pour 6,000 fr.

SECTION V.

(Art. 2037.)

L'art. 2037 est ainsi conçu : « La caution est déchargée, lorsque la subrogation aux droits, hypothèques et priviléges du créancier ne peut plus, par le fait de de ce créancier, s'opérer en faveur de la caution. » (Art. 2037.)

Nous avons, sur cet article, plusieurs questions à examiner.

1re *Question.* — Et d'abord, quelles cautions peuvent invoquer le bénéfice de l'art. 2037 ? — Pour résoudre cette question, il importe avant tout de savoir quelle est l'origine de cet article. Nous croyons, quant à nous, et c'est l'opinion la plus générale, que cet article a pour but de sanctionner la subrogation établie au profit des cautions. M. Troplong soutient une autre doctrine et voit l'origine de l'art. 2037 dans le bénéfice de discussion, et il en conclut que les personnes seules qui ont ce bénéfice peuvent invoquer la disposition de cet article.

Dans l'ancien droit romain, nous dit M. Troplong, le créancier ne s'engageait jamais vis-à-vis du fidéjusseur à lui conserver ses actions ; le fidéjusseur avait bien le bénéfice de cession d'actions, mais il suffisait que le créancier cédât ses actions telles qu'elles se trouvaient au moment où la cession était requise. Au contraire, le *mandator pecuniæ credendæ* peut exiger du créancier la cession de ses actions, et si celui-ci s'est mis dans l'impossibilité de les céder, le *mandator* peut lui refuser le payement. Cette différence, d'ailleurs fort exacte, tenait, ainsi que nous l'avons vu, aux caractères respectifs de la fidéjussion et du mandat. La fidéjussion étant un contrat unilatéral, tandis que le mandat, bien qu'unilatéral à l'origine, impose au mandataire, et dans l'espèce, au créancier l'obligation de rendre compte.

Cet état de choses exista jusqu'à Justinien ; et c'est

à cette époque que la règle contenue aujourd'hui dans l'art. 2037 fut introduite dans le droit romain.

La novelle IV accorda à la caution poursuivie le bénéfice de discussion et ce droit eut pour conséquence nécessaire de mettre le créancier dans l'impossibilité de rien faire qui fût de nature à en priver le fidéjusseur directement ou indirectement. Or, le jour où le créancier aura fait remise au débiteur principal, où il aura perdu, d'une manière ou d'une autre, ses actions contre ce débiteur, la caution aura perdu par là même le bénéfice de discussion, puisqu'elle ne pourra renvoyer le créancier poursuivre un débiteur contre lequel il n'a plus d'actions. Donc, le créancier était tenu de conserver son droit intact contre le débiteur principal, pour que la caution puisse user du bénéfice de la novelle.

Mais « il ne lui suffit plus de céder ses actions telles quelles; il faut qu'il les cède intactes, afin que le fidéjusseur mis à sa place par la cession, trouve, dans la discussion qu'il a faite lui-même des facultés du débiteur, les ressources que le créancier y aurait trouvées s'il l'avait renvoyé à faire cette discussion » (M. Troplong, *Cautionn.*, n° 553, *in fine*). Donc, selon M. Troplong, l'art. 2037 n'est qu'un corollaire du bénéfice de discussion; car ce bénéfice implique pour le créancier l'obligation de garder intactes toutes ses actions.

Nous ne pouvons admettre que ce système soit conforme aux vrais principes et au véritable esprit de la loi. Et d'abord, où est la preuve de l'étroite corrélation que M. Troplong suppose exister entre le bénéfice de discussion et l'exception *cedendarum actionum?* On ne voit nulle part dans le droit romain, ni dans notre ancien droit, que la cession d'actions ait jamais été considérée comme une conséquence du bénéfice de discussion. C'est là une idée entièrement nouvelle, qui appartient à M. Troplong, et lors même qu'elle serait vraisemblable, elle serait encore, selon nous, inadmissible, puisque les rédacteurs du Code ignoraient complétement cette théorie. Ce n'est donc pas là qu'ils ont puisé l'idée première de l'art. 2037.

Voyons comment nos anciens auteurs envisageaient les choses. Voici ce que nous dit Pothier à ce sujet : « Lorsque le créancier s'est mis par son fait hors d'état de pouvoir céder au fidéjusseur ses actions, soit contre le débiteur principal, soit contre les autres fidéjusseurs, soit parce qu'il les a déchargés, soit parce qu'il a par sa faute donné congé de sa demande contre eux, le fidéjusseur peut *per exceptionem cedendarum actionum* faire déclarer le créancier non recevable en sa demande pour ce qu'il n'aurait pu procurer au fidéjusseur la cession des actions que le créancier s'est mis hors d'état de pouvoir lui céder. » (Poth., *Oblig.*, n° 557.).

C'était l'avis de Dumoulin, de Loyseau, de Doneau, etc.; tous nous disent que c'est par pur sentiment de justice, et comme pour donner au motif d'humanité du bénéfice *actionum cedendarum* l'équitable développement qui lui manquait, que l'on a reconnu à la caution le droit d'exiger du créancier la conservation des garanties attachées à la créance.

Si maintenant nous recourons aux travaux préparatoires, il ne nous est plus permis de douter que l'art. 2037 dérive de l'obligation légale de subroger.

« Nous avons vu, dit M. Treilhard, que le payement fait au créancier devait opérer une subrogation de droits au profit de la caution ; le créancier n'est donc plus recevable à la poursuivre quand, par son fait, il s'est mis dans l'impossibilité d'opérer cette subrogation. » (Fenet, t. 18, p. 45.)

D'autre part, M. Goupil-Préfeln avait critiqué vivement l'art. 2023, et dit qu'il serait à craindre que le débiteur ne s'entendît avec un tiers pour enlever à la caution le bénéfice de discussion. (Fenet, t. 18, p. 67.) Que répond M. Chabot ? « Il peut y avoir, a-t-on dit, une connivence entre le créancier et le débiteur. Mais, la caution n'est-elle pas subrogée à tous les droits du créancier, et n'est-elle pas déchargée lorsque cette subrogation ne peut avoir lieu par le fait du créancier ? » (Fenet, t. 18, p. 71.) Voilà un cas où la caution est privée du bénéfice de discussion et où elle peut cependant invoquer le bénéfice de l'art. 2037. — Où pourrait-on trouver une preuve plus certaine que les rédacteurs du Code n'entendaient pas faire dépendre l'art. 2037 du bénéfice de discussion ?

L'origine de l'art. 2037 étant bien connue, nous devons revenir à notre question et nous demander quelles sont les cautions qui peuvent invoquer le bénéfice conféré par cet article. Je crois que toutes les cautions peuvent invoquer l'art. 2037, sans distinguer si elles ont ou non le bénéfice de discussion. Effecti-

vement, si nous nous reportons au texte même de cet
article, nous voyons que sa disposition est générale,
absolue, et l'on ne saurait introduire une distinction
à laquelle résiste le texte de la loi. C'est, du reste, en
ce sens que la jurisprudence paraît s'être définitivement fixée (Cassat., 13 février 1857 ; Nancy, 10
fév. 1858 ; Lyon, 20 août 1850 ; J. P. 1860, p. 433).

La question s'est élevée le plus souvent à propos
des cautions solidaires, et on ne leur a jamais refusé
le bénéfice de l'art. 2037. Cette interprétation littérale
de l'art. 2037 est conforme à l'intention des parties et
à l'équité. Car, lorsqu'une caution s'engage, elle
prend en considération les sûretés qui accompagnaient
la créance ; elle compte sur la subrogation à ces sûretés pour obtenir son remboursement dans le cas où
elle serait forcée de payer. Ne peut-on pas dire aussi
que la subrogation est plus nécessaire à la caution solidaire qui peut être forcée de payer sans pouvoir exiger la discussion du débiteur, qu'à la caution simple
qui a toujours la ressource d'une discussion préalable?
Si donc en s'obligeant solidairement elle a renoncé au
bénéfice de discussion, c'est qu'elle comptait sur des
sûretés et sur des garanties qu'elle avait le droit d'espérer et dont on ne doit pas la priver.

2ᵉ *question*. — Le créancier n'est-il responsable envers la caution que des sûretés qu'il perd par un fait
positif, ou doit-il aussi répondre de celles qu'il perd
par sa négligence?

Cette question est fort controversée. Quant à nous,
nous adoptons pleinement sur ce point l'opinion de

notro maître M. Bugnet, et nous pensons que, pour
que la caution sort déchargée d'après l'art. 2037, il
n'est pas nécessaire que le fait du créancier soit positif, *in committendo*; il suffit qu'il soit négatif *in omittendo*, constituant une simple omission ou négligence.
« Il est hors de doute, nous dit M. Bugnet, que si le
» créancier a accordé décharge des hypothèques,
» mainlevée de l'inscription, etc., la caution pourra
» se prévaloir de l'art. 2037. Mais, si au lieu d'un fait
» positif du créancier, il n'y a eu qu'une omission,
» une négligence à renouveler l'inscription en temps
» utile, nous pensons qu'il faut décider de même. Le
» créancier est responsable envers la caution ; *il y a*
» *des devoirs de réciprocité*, qu'il faut maintenir, comme
» le disait le tribun Lahary. » (M. Bugnet sur Poth.,
Oblig., n° 157, not. 2, p. 296.)

Il a été jugé que : le vendeur d'un office qui, en cas
de revente par son acquéreur laisse se libérer du prix
d'acquisition, sans se mettre en mesure de faire valoir
son privilége, lequel par le payement se trouve éteint,
est déchu de tout recours contre la caution de l'acquéreur primitif (Arr. rej., 7 juillet 1802).

Mais, nous dit-on (1), Pothier exigeait un fait actif,
positif de la part du créancier, une abdication volontaire des sûretés de la créance, pour que la caution
fût fondée à demander sa décharge. C'est déjà une
raison grave d'interpréter dans le même sens le texte
du Code. — Nous répondrons que le texte de

(1) M. Labbé, J. P. 1860, p. 431.

l'art. 2037 est général, qu'il ne fait aucune distinction, et nous ne pouvons distinguer là où le texte ne distingue pas. Du reste, le mot *fait*, dans la langue du droit, signifie aussi bien faute positive que faute négative, et il n'y a, croyons-nous, aucun argument certain à tirer de la doctrine de Pothier.

2° Le créancier qui reçoit une caution ne contracte pas d'obligations ; il ne s'oblige pas à veiller avec diligence dans l'intérêt de la caution. Il ne se constitue pas le chargé d'affaires de la caution pour assurer le recouvrement contre le débiteur. Il ne promet rien, si ce n'est d'agir de bonne foi ; il ne répond de rien, si ce n'est d'actes volontaires et positifs par lesquels il nuirait à la caution.

« Le fidéjusseur doit sans doute, disait le tribun » Lahary, s'interdire tout ce qui pourrait compro- » mettre la garantie de l'obligation qu'il a cautionnée. » Mais, de son côté, le créancier ne doit-il pas s'inter- » dire aussi tout ce qui tendrait à ravir au fidéjus- » seur les moyens d'être indemnisé du cautionnement » qu'il a fourni ? *Il y a entre eux des devoirs de réci-* *procité.* » (Fenet., t. 15, p. 85.) Or, qu'il y ait faute posi- tive *in faciendo*, ou négligence *in omittendo*, le résul- tat n'est-il pas le même pour la caution ? De plus, cette interprétation de l'art. 2037 n'est que l'applica- tion de la règle contenue dans l'art. 1383. Cet article met sur la même ligne la faute de commission et la faute d'omission. Du moment, en effet, que la loi a im- posé au créancier le devoir de conserver à la caution les priviléges et hypothèques attachés à la créance, pourquoi ne serait-il pas responsable de la négligence qu'il a mise à remplir ce devoir, s'il a compromis par là le recours, de la caution et lui a ainsi causé préjudice.

8° Mais, on insiste et l'on dit : La loi a fait une application qui doit nous guider par analogie. La caution peut-elle sommer le créancier de poursuivre le débiteur dont la fortune périclite, sinon se faire décharger ? Jamais on n'a soutenu que la caution pût argumenter pour sa décharge de ce que le créancier aurait mis quelque lenteur, quelque négligence à poursuivre le débiteur et aurait laissé l'insolvabilité de ce dernier se produire. Or, s'il en était ainsi, pourquoi le créancier répondrait-il d'une négligence, dans la conservation de la sûreté de la dette ?

Ce raisonnement me semble inexact ; car si le créancier est tenu de conserver les sûretés, il n'est pas tenu d'en acquérir de nouvelles. Ainsi, s'il néglige de renouveler l'inscription et la laisse périmer, s'il se laisse forclore à défaut de production à un ordre, s'il n'a pas fait protester en temps utile un effet de commerce, il se sera mis par sa faute dans l'impossibilité de céder ses droits, et il devra encourir la déchéance prononcée par l'art. 2037. Mais on ne saurait lui opposer qu'il n'a pas exercé de poursuites contre le débiteur, alors même que ce défaut de poursuites aurait laissé arriver l'insolvabilité de celui-ci, tandis que des diligences faites en temps utile auraient pu sauver la créance ; car rien ne forçait le créancier à en faire, et la caution est en faute de n'avoir pas agi par l'art. 2032 contre le débiteur pour être déchargée lorsque la dette est devenue exigi-

ble par l'échéance du terme. De plus, comme le fait remarquer M. Labbé, si la caution ne peut pas forcer le
créancier à poursuivre le débiteur, c'est que ce serait
faire naître du cautionnement un danger pour le débiteur, puisque le créancier, au premier symptôme d'un
embarras financier chez son débiteur, exercerait des
poursuites immédiates, pour ne pas être inculpé de
lenteur et d'incurie par la caution (M. Labbé, *loc. cit.*).

Enfin, le créancier qui a entre les mains les titres,
qui est le principal intéressé, est plus à même que la caution de veiller à la conservation de ses droits.

Concluons donc que le créancier est responsable envers la caution non-seulement de sa faute positive *in
faciendo*, mais encore de celle qui consiste dans une
négligence, *in omittendo*. C'est, du reste, l'opinion qui
tend à prévaloir en doctrine comme en jurisprudence.
(M. Bugnet sur Poth., 78; Gauthier. n° 5, J. P., p.
579, Cass., 23 fév. 1857; Toulouse, 2 mai 1859;
Lyon, 20 août 1859; Cass., 2 mai 1861; Cass., 7 juillet 1862).

3° *question.* — L'art. 2037 C. N. est-il applicable
au cas où le créancier a laissé périr des sûretés qu'il
n'a acquises que postérieurement au cautionnement?

Cette question, fort controversée aujourd'hui, ne faisait pas difficulté dans l'ancien droit. Suivant nos anciens
auteurs, la subrogation n'avait lieu que pour les droits
qu'avait le créancier au moment où le cautionnement
avait été consenti. Si les sûretés que le créancier avait
abandonnées étaient postérieures au cautionnement,
la caution n'avait pas le droit de se plaindre; car elle

n'avait pas dû compter, pour assurer son recours, sur
des sûretés qui n'existaient pas encore. C'est en ce sens
que semble fixée la jurisprudence de la Cour de cassa-
tion. (Cass., 8 mai 1861 ; Cass., 27 nov. 1861.)

Pourtant, je ne saurais admettre ce système. Je
m'attache d'abord aux termes mêmes de l'art. 2037 ;
ces termes sont généraux, et rien ne peut faire soup-
çonner une pareille distinction. De plus, si la caution,
en s'engageant, n'a pas spécialement en vue les garanties acquises plus tard par le créancier, elle a dû
toutefois compter sur l'ensemble des ressources qu'offrait la position du créancier en sorte que sa légitime
attente se trouve trompée, lorsque le créancier, après
avoir obtenu, depuis le cautionnement, de nouvelles
sûretés pour sa créance, renonce à ces avantages ou les
perd par son fait. — Enfin, la caution ne peut-elle
pas dire qu'en voyant le créancier acquérir une hypothèque nouvelle, elle n'a pas pris les mesures qu'elle
aurait prises sans cela pour assurer son recours?

4e *question.* — Lorsque le créancier, par son fait, a
diminué les sûretés qui protégeaient la créance primitive, de sorte que la subrogation à ses droits est devenue impossible pour partie, la caution est-elle affranchie de son engagement pour le tout, ou n'en est-elle
déchargée que dans la limite du préjudice qu'elle
éprouve?

Je crois que si la subrogation aux droits du créancier n'est devenue impossible que pour partie, la
caution n'est affranchie de son engagement que dans
la même proportion.

J'irai plus loin, et je dirai que le fait du créancier qui rend impossible la subrogation de la caution dans ses droits, privilèges et hypothèques ne décharge la caution qu'autant que cette impossibilité est de nature à lui préjudicier. Ainsi, la caution ne serait pas déchargée par la renonciation du créancier à des hypothèques qui, se trouvant primées par d'autres plus anciennes, ne pouvaient produire aucun effet. (Cass., 8 mai 1860 ; Cass., 19 janv. 1863.)

Pothier décidait déjà que la caution n'était libérée que dans la limite du profit qu'elle aurait pu retirer de la subrogation (Poth., *Oblig.*, p. 559) ; et nous donnerons aujourd'hui la même solution ; car la décharge accordée à la caution par l'art. 2037 ne lui est accordée qu'à titre d'indemnité du préjudice que lui cause le créancier en lui rendant la subrogation impossible ; or, si la garantie abandonnée par le créancier était purement nominale, et ne pouvait avoir aucun résultat utile ni pour lui-même ni pour la caution, le dommage alors étant nul, il n'y a plus lieu à indemniser la caution, en la déchargeant de son obligation à laquelle la garantie perdue n'aurait pu apporter aucun allégement. Le législateur a voulu protéger la caution contre le dommage qui pourrait résulter pour elle du fait du créancier ; mais, il n'a pas eu l'intention de la gratifier.

Il sera peut-être difficile d'apprécier le dommage que cause à la caution la perte des sûretés qui protégeaient la créance. Nous croyons que le droit appartient aux tribunaux d'apprécier, d'après les éléments de la cause, si le recours perdu par le fait du créancier était de nature à produire pour la caution un résultat utile, et, par suite, de déterminer jusqu'à concurrence de quelle somme la caution sera libérée. (MM. Mourlon, *Subrog.*, p. 518; Ponsot, *Caut.*, n° 334; Zach., Aubry et Rau, t. 3, § 420, notes 9 et 10; Cass., 10 janv. 1863.)

POSITIONS.

DROIT ROMAIN.

I. Suivant Celsus, le *fidejussor indemnitatis* pouvait être poursuivi avant le débiteur principal (L. 42, *De reb. credit.* D.). Suivant Paul, au contraire, l'action contre le *fidejussor indemnitatis* avant la discussion du débiteur était impossible (L. 116, *De verb. oblig.*, D.; L. 21, *De solut.* D.). Il n'y a entre ces deux théories qu'une différence de procédure.

II. Le *mandator pecuniæ credendæ* peut repousser le créancier qui s'est mis dans l'impossibilité de lui céder ses actions; le fidéjusseur ne le peut pas. Cette différence s'explique par la nature du mandat et de la fidéjussion.

III. D'après certaines lois, le fidéjusseur ne peut pas invoquer la *restitutio in integrum* du chef du débiteur principal, mineur de vingt-cinq ans; d'après d'autres il le peut; la conciliation se trouve dans la distinction entre le cas où le fidéjusseur s'est obligé *cum contemplatione* ou *sine contemplatione juris prætorii.*

IV. Lorsque le mineur a obtenu contre son ex-tuteur, en vertu de l'action *tutelæ directa*, une condamnation inférieure à celle qu'il aurait dû obtenir, il peut, suivant les cas, agir de nouveau contre lui, soit par la *restitutio in integrum*, soit par l'action *tutelæ directa* (L. 25, et L. 46, D. *De per. et adm. tut.*).

V. Lorsque *donationis causa* une personne s'est engagée à payer à une autre une somme supérieure au taux fixé par la loi *Cincia*, et que la donation a été exécutée, le donateur ne peut pas revenir sur sa libéralité par une *condictio sine causa* (*Nec obstant*, L. 21, *De donat.*, et L. 3, § 5, D. *De doli mali et metus exceptione*).

VI. Le demandeur en revendication ne peut pas être repoussé par l'exception *rei judicatæ*, lorsque la cause sur laquelle il se fonde est différente de celle qu'il a fait valoir dans un premier procès, si, au moyen d'une *præscriptio*, il a évité, lors de ce premier procès, de déduire tout son droit *in judicium* (*Nec obstat*, L. 14, § 2, *De except. rei judic.*).

VII. En introduisant l'action *De tigno juncto*, le texte de la loi des XII Tables ne faisait aucune distinction entre le *tignum furtivum* et le *tignum non furtivum* (L. 63, princ. D. *De donat. inter vir. et uxorem*). Cette distinction n'a été introduite que par une jurisprudence antérieure (*Nec obstat*. L. 1, D. *De tigno juncto*).

VIII. Celui qui achète quelque chose d'un fou, ignorant l'état de folie, peut non-seulement usucaper, mais encore exercer contre les tiers l'action publicienne (L. 7, § 2, *De public. in rem.*). Mais s'il exerçait l'action publicienne contre le vendeur lui-même, il ne pourrait pas paralyser l'exception *justi dominii* par la *replicatio rei venditæ et traditæ* (L. 2, § 16, D. *pro emptore.*)

DROIT FRANÇAIS.
(CODE NAPOLÉON.)

I. Le créancier est responsable envers la caution, non-seulement des sûretés qu'il perd par un fait positif, mais encore de celles qu'il perd par sa négligence.

II. Le tiers acquéreur n'est pas subrogé légalement contre la caution ; la caution est au contraire, subrogée contre le tiers acquéreur.

III. Le tiers saisi peut payer valablement entre les mains du saisi ce qui excède les causes de la saisie.

IV. L'héritier qui a accepté une succession sous bénéfice d'inventaire peut, contre l'opposition et l'intérêt des créanciers héréditaires, revenir au régime de l'acceptation pure et simple.

V. Lorsqu'une créance de la succession est mise pour le tout dans le lot de l'un des héritiers, il n'y a pas lieu d'appliquer à cette attribution l'effet déclaratif du partage.

VI. Lorsque une créance héréditaire est mise pour le tout dans le lot de l'un des héritiers, les cohéritiers doivent garantir au cohéritier cessionnaire, non-seulement l'existence de la créance, mais encore la solvabilité actuelle du décès.

VII. Le legs d'usufruit n'est jamais qu'un legs particulier.

VIII. Le légataire à titre universel n'a jamais droit aux fruits qu'à compter du jour de sa demande en délivrance.

IX. Le bénéfice de l'art. 2037 C. N. appartient aux cautions solidaires.

X. Le créancier peut s'adresser à la caution sans avoir mis le débiteur principal en demeure.

DROIT ADMINISTRATIF.

I. En cas d'expropriation pour cause d'utilité publique, le fermier ou le locataire a droit à une indemnité, lors même que son bail n'a pas de date certaine.

II. La régie ne peut pas percevoir le droit de cautionnement, lorsque les débiteurs solidaires ont des intérêts inégaux dans la dette, ou même lorsque la dette a été contractée dans l'intérêt d'un seul.

DROIT COMMERCIAL.

Le commerçant qui s'est engagé comme caution en matière commerciale, ne peut pas opposer le bénéfice de discussion.

HISTOIRE DU DROIT.

I. L'origine du colonat doit être attribuée à des

causes multiples, et spécialement à la transportation de barbares vaincus en des terres auxquelles ils étaient attachés (Cod. Théod., 5, 4, *De bonis milit.*).

II. Les *judices pedanei* ne sont que les *judices privati* du système formulaire.

DROIT INTERNATIONAL.

I. Une nation neutre ne rompt pas la neutralité par le seul fait qu'elle laisse construire dans ses ports, par des particuliers, des navires de guerre destinés à l'un des belligérants.

II. Les tribunaux français ne peuvent pas valider la saisie-arrêt formée en France, par un Français, sur des fonds appartenant à un gouvernement étranger.

Vu par le président de la thèse,

BUGNET.

Vu par le doyen,
C. A. PELLAT.

Permis d'imprimer.
Le Vice-Recteur,
A. MOURIER.

Paris. — Imprimerie de E. Donnaud, rue Cassette, 9.